시체는
거짓말
하 지
않는다

살아 있는 당신에게 들려주는
법의학자의 생존 교양 지식

유성호 지음

시체는 거짓말하지 않는다

위즈덤하우스

프롤로그
죽음을 마주하는 의사가 전하는, 소중한 삶을 지키기 위한 기록　　　　　6

1부
나는 당신의 장기가 궁금합니다

1. 법의학자가 부검대에서 정말 많이 보는 케이스 – **심장**　　15
2. 막히거나 터지는 혈관의 최후 – **혈관**　　35
3. 한순간에 모든 것이 끝나는 치명적 장기 – **뇌**　　45
4. 독감부터 폐렴까지, 조용히 말라죽인다 – **폐**　　65
5. 사망자가 남겨놓은 결정적 단서 – **위**　　85
6. 소화관이 보내는 위험 신호 – **소장**　　101
7. 뱃속의 마지막 검문소 – **대장**　　111
8. 침묵했던 장기의 배신 – **간**　　119
9. 침투한 세균이 맞닥뜨리는 첫 관문 – **비장**　　139
10. 보이지 않는 곳에서의 치명타 – **담낭**　　151
11. 아는 순간 왜 이미 늦어버린 걸까 – **췌장**　　161
12. 몸 전체의 생존을 결정짓는다 – **혈액**　　173
13. 각자의 몸에 새겨진 고유한 설계도 – **DNA**　　189

2부
가능한 한 죽지 않는 법을 알려드립니다 ✓

1. 한국인은 대부분 이것으로 죽는다 - **암**   215
2. 지극히 의학적인 관점에서 본 술의 모든 것 - **술**   229
3. 지금 모두에게 처방하는 가장 확실한 예방법 - **담배**   255
4. 너무 덥거나 추울 때 우리 몸은 파괴된다 - **온도**   267
5. 단 한 번의 사용도 위험하다 - **스테로이드** ★   287
6. 몸과 정신이 동시에 무너지는 약물 - **다이어트 약**   295

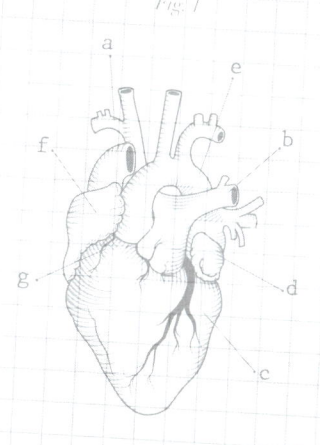

프롤로그

죽음을 마주하는 의사가 전하는, 소중한 삶을 지키기 위한 기록

저는 매주 월요일과 금요일, 차디찬 부검실에서 생의 마지막 흔적들을 만납니다. 마치 그 사람의 인생 전체가 응축되어 마지막 몸짓을 남긴 것처럼, 죽은 몸은 언제나 묵묵히 그러나 정확하게 많은 이야기를 들려줍니다.

숨이 멎은 심장, 검게 변한 폐, 조용히 파열된 혈관, 그 안에는 그 사람이 걸어온 삶의 흔적과 무심코 지나친 습관, 때로는 피할 수 있었던 죽음의 실마리가 남아 있습니다.

이 책은 〈유성호의 데맨톡〉이라는 유튜브 채널에 올린 강의들에서 시작되었습니다. 사람들이 몸을 쉽게 이해하길 바라며, 심장, 폐, 간 같은 장기의 역할을 일상의 언어로, 쉬운 비유로, 그러나 놓치지 않고 전하려 애썼습니다. 잔소리처럼 들릴지 몰라도 식단, 운동, 수면처럼 우리가 알면서도 늘 미루는 것들에 대해서도 솔직하게 이야기했습니다.

그랬더니 어느 영상에 달린 한 댓글이 유난히 기억에 남았습니다.

'선생님은 외래 진료를 안 하시나요?'

그 물음에 잠시 멈춰 생각했습니다. 그리고 이렇게 답하고 싶어졌습니다. 저는 생명이 꺼진 후에야 만나는 의사인 법의학자입니다.

살아 있는 사람의 진단과 처방은 다른 훌륭한 의사 선생님들이 해주겠지만, 저는 삶의 마지막 장면에서야 그 사람과 만나게 됩니다. 그리고 매번 마음속으로 되뇌게 됩니다.

'이 사람을 생전에 만났더라면……'

1999년 첫 부검을 시작으로 지금까지 3,000건이 넘는 부검을 해오며, 저는 사람이 어떻게 죽는지 누구보다 정확히 알게 되었습니다. 그 지식이 단지 죽음을 해석하는 데에만 머물지 않기를 바랐습니다. 오히려 역설적으로, 어떻게 살아야 하는가에 대한 깊은 깨달음으로 이어졌습니다.

그래서 이 책은 꼭 살아 있을 때 읽어야 합니다. 부디 억울하고 안타까운 죽음으로 당신과 제가 부검대에서 만나지 않기를 진심으로 바랍니다. 당신이 당신의 몸을 알고, 지금 이 순간의 삶을 돌볼 수 있기를 바라며 이 책을 썼습니다.

    무심코 지나친 습관이 언젠가 치명적인 결과가 되지 않도록, 내 안에 있는 소중한 장기들의 목소리에 귀 기울이도록 말이죠. 우리는 언젠가 모두 죽지만, 죽음에 이르는 속도를 늦출 수 있는 선택들이 분명 존재합니다.

이 아름다운 지구에서,
가능한 한 오래, 그리고 건강하게 살아가기 위해
이 작은 기록이 당신에게 전해지길 바랍니다.

― 유성호

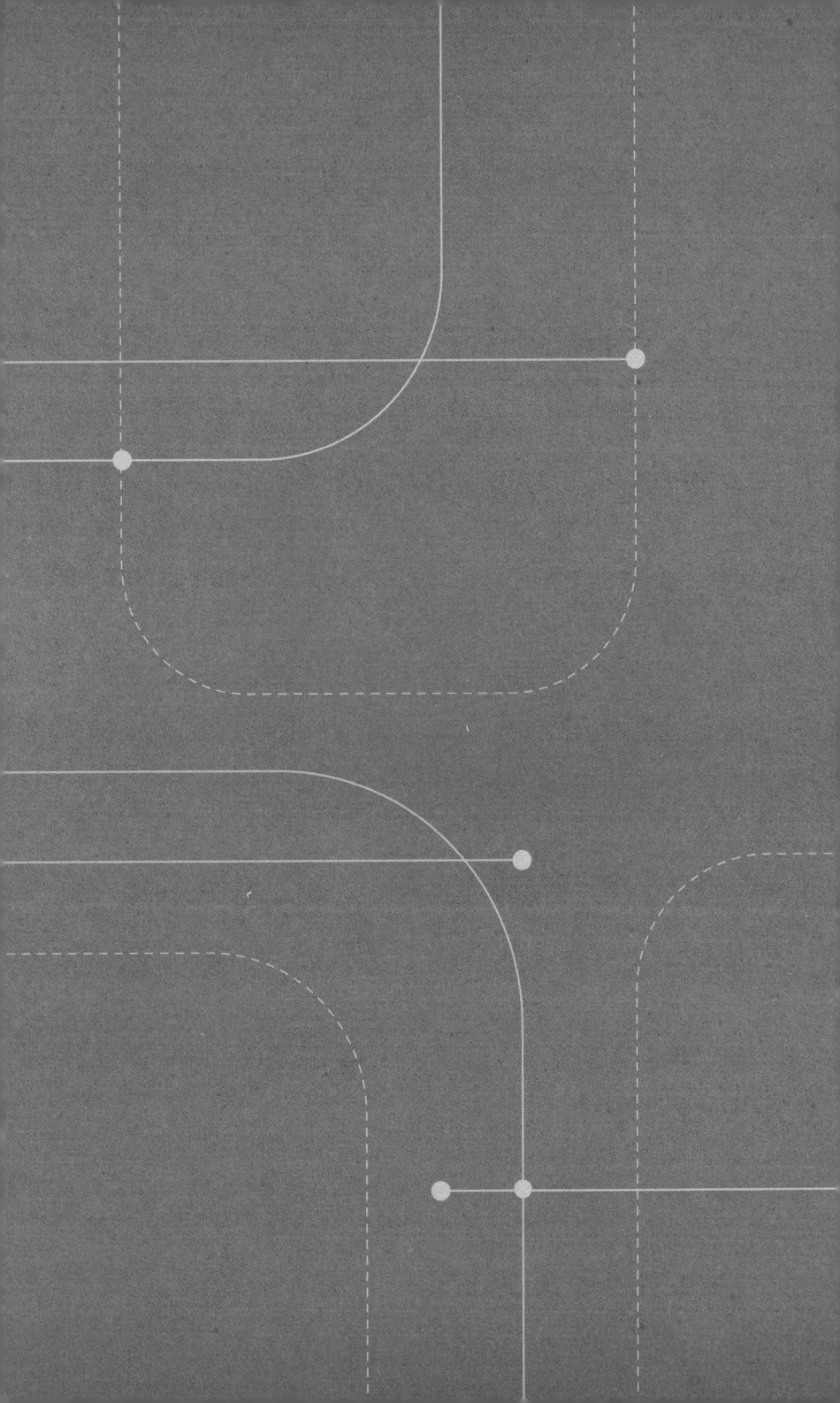

1부

나는
당신의 장기가
궁금합니다

법의학자가 부검대에서
정말 많이 보는 케이스

VOL.1

심장

REPORT OF INVESTIGATION BY MEDICAL EXAMINER

CASE NUMBER 01   PARTS Heart

DESCRIPTION OF BODY

SEX male   AGE 32   DATE OF BIRTH 19930204

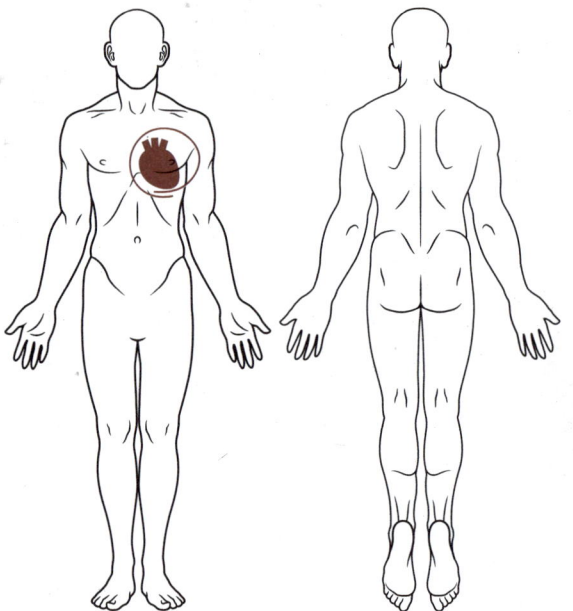

CAUSE OF DEATH

Acute Myocardial Infarction

- 심장 무게 500g

- 심장 좌심실의 앞쪽 근육은 하얗고 또 국소적으로는 붉게 괴사

- 사망 원인은 급성심근경색증

―――――――――――― ☑ CASE 1 ――――――――――――

"자취방에서 사망한 남성인데요. 나이가 너무 젊어서요."

부검 의뢰는 했지만, 월요일 아침이라서인지 경찰은 미안한 듯 말했다. 시신 관련 서류를 힐끗 보니 그의 나이는 32세였다. 준비하고 있는 시험을 위해 회사를 퇴사하고, 학원가의 자취방에서 벌써 3년째 공부를 해오고 있었다고 했다.

"혹시 지병이 있었다고 하던가요?"

"가족들 말로는 특별한 병이나 아픈 곳은 없었다고 하네요. 다만 시험공부 때문에 스트레스를 받는지 담배를 많이 피웠다고 하더라고요. 하루 3갑 정도 피웠다나……."

통상적으로 32세는 매우 젊기 때문에 어딘가 특별히 지병이 있을 만한 나이가 아니었다.

"사망한 곳이 자취방인데, 혹시 약물이나 다른 이상한 것이 발견되지 않았나요?" 혹시나 고의적 자해를 염두에 두고 물었다.

"아니요. 그런 것은 없었고 빈 담뱃갑만 엄청 쌓여 있더라고요. 왜 버리지 않고 모아두었는지……."

부검대 위에서 그의 가슴을 열고 심장을 확인하며 잡아봤을 때 놀랄 수밖에 없었다. 통상 320g 정도 되는 심장을 기대할 나이인데 그 크기가 엄청나게 커져 적출할 때 묵직한 무게가 느껴졌다. 500g은 족히 넘을 무게였다. 조심스럽게 심장의 왼쪽 심장동맥(관상동맥)을 약 0.3cm 간격으로 잘게 자르며 확인해보니, 혈관 내부를 전체적으로 막고 있는 딱딱한 동맥경화가 관찰됐다. 심장 좌심실의 앞쪽 근육은 하얗고 또 국소적으로는 붉게 괴사(조직이 죽은 상태)가 되어 있었다. 그의 사망원인은 급성심근경색증이었다.

☑ CASE 2

70대에 막 접어든 그녀는 아직 자리 잡지 못한 자식들에게 손을 벌리고 싶지 않았다. 자신의 노후를 스스로 책임지기 위해 다소 무리하면서도 종일 쉬지 않고 열심히 일했다. 새벽에는 큰 빌딩 청소를 하고 오후에는 작은 병원 청소를 하니 수입이 꽤 쏠쏠했다. 늘 수면이 부족하여 피곤하다고 느꼈지만 3년 넘게 이 생활을 지속했고 때로는 다른 아르바이트를 추가로 하기도 했다.

그러던 어느 날, 아침부터 가슴이 꽉 막히며 소화가 안 되었다. 약국에서 소화제를 사서 먹었지만 여전히 가슴이 묵직했다. 체기라고 생각해서 동료에게 손을 따 달라고 했는데도 증상은 여전했다. 동료가 너무 피곤해 보인다며 병원 휴게실에서 잠시 눈을 붙이라고 권했고, 그녀는 잠시 몸을 누웠지만 1시간이 지나도 깨어나지 않았다. 병원 의사가 달려와 심박수와 혈압 그리고 호흡을 확인해보니 이미 사망한 상태였다.

갑작스러운 죽음에 자식들은 비통해했고, 경찰에서는 사인을 명확히 하기 위해 부검을 의뢰했다. 매일 2곳의 청소와 그 밖의 아르바이트를 하며 집안일까지 도맡았던 그녀의 얼굴은 조금 찡그린 듯한 표정이었다. 부검하며 확인하니 심장을 싸고 있는 심낭 내에 혈액이 응고되어 뭉쳐져 있었다. 살아 있을 때 이미 심장에서 유출된 혈액이라는 증거였고, 자세히 살펴보니 심장 좌심실의 가측 근육 일부분이 검게 괴사되며 파열되어 있었다. 사망원인은 급성심근경색증에 의한 좌심실 파열로 인한 혈심낭이었다.

※ ※ ※

여러분은 보통 언제 심장의 두근거림을 느끼시나요?

누군가를 사랑해서 설렐 때, 우리는 자기도 모르게 한 손을 왼쪽 가슴에 올리곤 합니다. '이 안에 너 있다'는 한마디를 건네며 가슴 터질 듯하던 순간을 기억하는 분도 있을 테고, 혹은 사랑하는 사람의 품에 안겨 그의 심장 두근거림을 듣던 달콤한 기억이 떠오르는 분도 있겠죠?

하지만 앞선 사례에서 살펴봤듯 법의학자의 관점에서 심장은 그리 낭만적이기만 한 장기가 아닙니다. 오히려 생과 사의 경계를 가르는 장기, 사망을 진단하는 기준이 되는 장기입니다.

매년 대한민국 통계청에서 발표하는 사망원인 1위는 늘 악성 신생물, 즉 암이지만 단일 질환으로 사망원인 1위는 심장질환, 특히 심근경색증을 포함하는 허혈성 심장질환입니다. 심장의 중요성은 누구나 알고 있지만 사실 심장을 어떻게 건강하게 관리하고 질병을 예방해야 하는지, 심장에 대해 깊게 이해할 기회는 많지 않습니다. 법의학자에게 늘 관심 대상이 되는 장기이자 생사를 결정짓는 중요한 장기인 심장의 속살은 대체 어떤 모습일까요?

사망을 진단하는 기준

뉴스를 보면 누군가 갑자기 쓰러지거나 사고가 나서 '심정지' 상태로 병원에 이송됐다는 소식이 자주 들립니다. 심정지 Cardiac Arrest란 말 그대로 심장이 정지된 상태를 말합니다. 심장이 멈추었을 뿐 아직까지 사망 상태를 뜻하는 것은 아닙니다. 심장이 멈춘 상태에서도 심폐소생술 cardiopulmonary resuscitation, CPR을 비롯한 처치를 통해 다시 심장이 뛰어 살아나는 경우도 있기 때문입니다. 다만 후속 조치에도 불구하고 심장이 계속해서 뛰지 않는다면 결국은 사망으로 이어지게 되겠죠.

심장은 우리가 엄마의 뱃속에서 생명으로 태동하는 순간부터 죽음에 이를 때까지 단 한 순간도 멈추지 않고 박동합니다. 우리 몸을 작동시키는 일종의 엔진인 셈입니다. 그래서 인류는 아주 오래전부터 심장의 멈춤을 확인하는 것으로 사망을 규정했습니다.

옛날에는 심장이 멈췄는지 어떻게 알 수 있었을까요? 동양에서는 주로 맥진을 통해 사망 징후를 판단했습니다. 우리 몸에서 심장이 뛴다는 것은 심장이 수축과 이완을 반복하며 대동맥으로 혈액을 내보내는 것을 뜻합니다. 이때 혈관에 압력이 전달되기 때문에 손목이나 목의 굵은 동맥 위를 가볍게 눌러보면 심장이 뛰는지 알 수 있습니다. 그래서 사극을 보면 의원이 환자를 볼 때 제일 먼저 손목이나 목을 만져 맥을 짚는 모습을 볼 수 있죠.

서양에서는 주로 육안을 중심으로 다양한 감각을 활용해 사망을 진단했습니다. 호흡을 확인하기 위해 입 앞에 촛불을 켜고 불꽃의 흔들림을 관찰하기도 했고, 숨이 멎은 것을 확인하고도 관 뚜껑을 열어둔 채로 부패될 때까지 기다렸습니다. 지금도 영화를 보면 관 속에 시신을 눕히고 꽃을 올려두거나 이별의 키스를 나누는 장면이 나오는데, 이는 사망을 확인하기 위해 아주 오래전부터 내려온 전통인 셈입니다.

 19세기 들어 프랑스 의사 르네 라에네크^{René Laënnec}가 청진기를 발명하고, 네덜란드 생리학자 빌럼 에인트호번^{Willem Einthoven}이 임상용 심전도^{ECG}를 개발하면서 사망 진단은 한층 정교해졌습니다. 청진기로는 심장이나 폐의 소리를 증폭해 들을 수 있게 되었고, 심전도 덕분에 심장의 전기적 신호를 읽어낼 수 있게 됐죠. '아이언맨'이 가슴에 있는 원자 발전기를 에너지로 쓰는 것처럼, 우리 몸의 심장도 전기적 신호에 의해 자발적으로 박동합니다. 그래서 피부에서 심장의 전기적 신호를 모니터로 확인하여 심장박동을 보다 정확히 측정할 수 있는 것입니다.

 오늘날에는 기본적인 생명 징후를 확인하는 것과 더불어 심전도를 모니터링하여 사망을 진단합니다. 심장의 전기적 신호가 잡히지 않고, 더 이상 심장이 자발적으로 뛰지 않는 것이 확인되면 사망을 선언하게 됩니다.

 엄마의 뱃속에 있는 태아는 10주경부터 심장이 뛰기 시작합니다. 아직 눈에 보이지도 않는 작은 심장이 한 생명을 지탱하기 시작하여 우리가 죽는 순간까지 잠시도 쉬지 않고 평생을 박동하는 것입니다.

심장은 성인을 기준으로 분당 60~100회 정도 박동합니다. 하루에 약 10만 회를 뛰는 셈이니 엄청나죠. 심장이 뛴다는 것은 심장이 강하게 수축하며 혈액을 짜내는 걸 말합니다. 이렇게 한 번 수축할 때마다 약 85ml의 혈액이 온몸으로 퍼져 나갑니다. 하루 동안 심장이 온몸에 순환시키는 혈액의 양이 무려 8,500L에 이르는데, 가늠조차 되지 않죠? 대충 유조차의 절반 가량에 해당하는 양이라고 보면 됩니다.

쉬지 않고 일하는 심장의 크기는 보통 오른손을 쥐었을 때 주먹만 한 정도입니다. 그래서 덩치가 작은 사람은 심장도 더 작죠. 성인 남성의 심장은 약 320g, 성인 여성의 심장은 약 280g의 무게입니다. 가슴을 만져보면 가운데에 딱딱한 뼈가 느껴지는데 그것을 흉골(복장뼈)이라고 합니다. 심장은 바로 그 흉골의 안쪽, 가운데보다는 살짝 왼쪽으로 기울어진 위치에 있습니다. 단단한 뼈가 소중한 심장을 보호하고 있는 겁니다.

심장은 두 개의 심방과 두 개의 심실로 이루어져 있는데, 그중에서도 왼쪽에 위치한 좌심실이 전신에 혈액을 뿜어내는 펌프 역할을 담당합니다. 심장이 한 번 뛸 때마다 좌심실에서 출발한 85ml의 혈액이 대동맥을 타고 흐르며, 대동맥은 다시 세동맥이나 모세혈관으로 이어집니다. 그렇게 우리 온몸에 산소와 영양분을 공급해주는 혈관의 길이를 모두 합치면 무려 10만 km

에 이릅니다.

혈액을 내보내는 심장과 그 혈액을 운반하는 혈관은 우리 몸에서 매우 긴밀한 관계를 맺고 있습니다. 심장과 혈관을 흔히 '심혈관계'라고 하는데, 심혈관계는 생명을 유지하는 가장 중요한 시스템이라고 보면 됩니다. 심혈관계에 이상이 생기면 곧 생명과 직결될 수 있으니 말이죠. 실제로 법의학자로서 마주하는 사망원인들 중에서도 심혈관계에 생기는 질환이 가장 흔한데, 대표적으로 허혈성 심장질환, 심근경색증, 울혈성 심부전 등이 있습니다. 이러한 질환들은 정말 많이 봅니다. 제가 많이 본다는 것은 오래 살기 위해서는 심혈관계가 매우 중요하다는 뜻이기도 합니다.

돌연사를 일으키는 허혈성 심장질환

가끔 건강해 보이던 사람이 갑작스럽게 쓰러지면서 급기야 사망했다는 소식을 듣곤 합니다. 이런 경우를 '내인성 급사'라고 합니다. 몸속의 이상이나 질병 등의 요인으로 인해 예기치 못하게 갑작스러운 사망에 이르게 되는 것을 말합니다. 즉 평소와 다름없는 일상을 보내다가도 심장이나 뇌, 호흡기 등의 내부 장기 문제로 한순간에 죽음에 이를 수도 있다는 것입니다.

내인성 급사에는 두 가지 개념이 있습니다. 예고 없이 갑작스러운 증상이 나타난 뒤 24시간 이내에 사망하는 경우를 급사라고 하고, 어떤 전조 증상도 없이 건강해 보이던 사람이 한순간 그대로 사망하는 경우를 돌연성 급사라고 합니다. 보통은 일상에서 겪는 노동, 달리기, 등산, 정신적 스트레스, 흥분, 성교, 배변 등이 유발 요인이 되지만 사실상 아무도 예측할 수 없는 사고처럼 발생하는 죽음입니다.

내인성 급사를 일으키는 요인은 심장질환, 뇌출혈이나 뇌경색증, 호흡기·소화기·비뇨기 문제 등으로 다양하지만 그중에서도 가장 많은 케이스가 바로 심장질환입니다. 특히 허혈성 심장질환이 내인성 급사를 제일 많이 유발합니다. 여기에서 '허'는 한자로 '虛', 즉 '비다'라는 뜻입니다. 허기가 진다고 할 때의 '허'도 같은 한자를 씁니다. 그리고 '혈'은 '피'를 뜻합니다. 즉 피가 부족해서 생기는 심장질환이라는 뜻이죠. 허혈성 심장질환은 크게 두 가지 형태로 나뉘는데 바로 협심증과 심근경색증입니다.

아마 구체적으로는 모르더라도 병명 자체는 많이 들어봤을 겁니다. 익숙한 질환이면서도 이러한 심장질환은 대개 50대 이후에 진단을 받기 때문에, 나이가 들어 걸리는 병이라고 막연하고 안일하게 생각하는 분이 많습니다. 하지만 실제로는 30대, 심지어 20대에서도 발병할 수 있습니다. 실제로 젊은 분들에게 나타난 경우를 현장에서 보곤 하는데, 특히 스트레스가 많은 상황에서 지나치게 흡연을 자주 하는 습관을 갖고 있던 분들이 대부분입니다.

놓치면 안 되는 심장의 신호, 협심증

협심증은 관상동맥이 좁아지며 혈액의 공급이 부족해져서 가슴에 통증을 느끼게 되는 상태를 말합니다. 심장이 혈액을 짜내기 위해서는 에너지가 필요한데, 혈액을 공급받는 동맥이 바로 관상동맥입니다. 영어로는 'coronary', 코로나 바이러스처럼 왕관 모양이라고 해서 관상동맥이라고 부릅니다.

협심증은 증상에 따라 다시 '안정형 협심증'과 '불안정형 협심증'으로 구분하는데요. 안정형 협심증의 경우 힘을 쓰거나 활동을 할 때는 가슴이 뻐근한 듯 아프지만 가만히 휴식을 취할 때는 별다른 통증이 느껴지지 않습니다. 계단을 오르거나 날이 갑자기 추워졌을 때, 과식을 했을 때도 가슴이 조이는 듯하게 아파올 수 있지만 휴식을 취하면 금방 호전되죠.

반면 불안정형 협심증은 동맥을 막은 덩어리가 안쪽에서 터지며 혈전(피떡)이 생겨 혈관의 4분의 3 이상을 막고 있을 때 생깁니다. 그래서 안정을 취할 때도 가슴이 쥐어짜듯 아파옵니다. 가슴이 답답하고 터질 것 같은 급성 흉통을 느끼게 되죠. 이 상

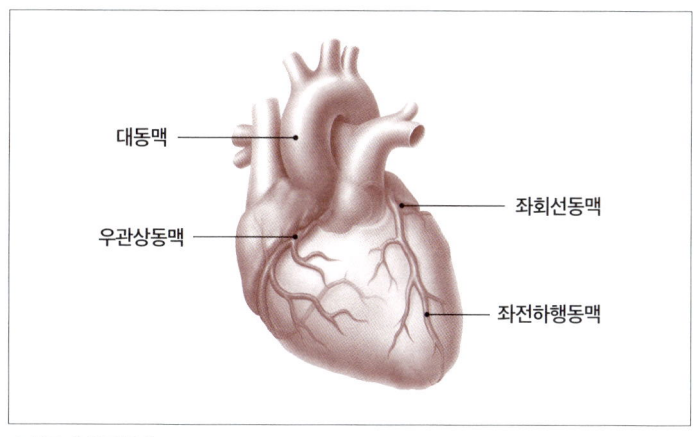

● 심장과 심장동맥

태가 계속되면 심장의 일부가 혈액을 공급받지 못해 노랗게 괴사되는 급성심근경색증으로 이어질 수 있어 매우 위험합니다.

물론 가슴 통증이 있다고 해서 꼭 심장질환과 관계가 있다고는 볼 수 없습니다. 가슴 통증에는 그 외에도 수많은 원인이 있거든요. 하지만 심장질환의 위험인자를 보유한 경우에는 특히 주의할 필요가 있습니다. 흡연이나 고혈압, 당뇨 등이 있을 경우에는 협심증의 가능성이 높아지기 때문입니다. 평소에는 별 이상이 없더라도 조금 무리했다 싶을 때 가슴이 아파온다면 안정형 협심증을 의심해봐야 합니다.

그리고 안정형 협심증이 불안정형 협심증으로 발전하기 전에 병원에 가서 치료를 받는 것이 중요합니다. 협심증은 약물 치료를 진행하기도 하지만, 경우에 따라 물리적인 스텐트 삽입술이 필요할 수도 있습니다. 스텐트 삽입술은 혈관에 풍선을 넣고 부풀려 자리를 만든 다음, 스텐트라는 금속 망을 삽입하는 것입니다. 하나의 치료법이지만 아무래도 일상생활에 불편함이 생길 수 있으니 예방 관리가 최선이라는 사실은 말할 것도 없겠죠.

우리나라 사망원인 1위, 심근경색증

심장이 수축하며 혈액을 내보내는 동맥은 원래 가운데에 구멍이 뻥 뚫린 파이프처럼 생겼습니다. 그런데 그 파이프 안쪽에 각종 콜레스테롤, 지방 등이 노랗게 끼면서 구멍이 점점 좁아지는 것을 죽상동맥경화라고 합니다. 수도관 안쪽에 이물질이 붙어서 통로가 좁아지는 것과 똑같은 이치라고 생각하면 됩니다.

그럼 왜 혈관이 좁아질까요? 심근경색증은 혈관의 손상에서 시작됩니다. 혈관은 세 개의 층으로 이루어져 있는데, 그중 가장 안쪽의 내피세포 표면이 매끈해야 혈액이 잘 흐를 수 있습니다. 그런데 혈관이 손상되면 상처 부위를 아물게 하기 위해서 혈소판이 혈액을 응고시키고, 혈액 내의 혈구와 지방도 상처에 달라붙게 됩니다. 우리가 넘어져서 무릎이 까지면 피가 나다가 곧 멎으면서 피가 엉겨 붙고 딱지가 생기는 것처럼 말이죠.

    동시에 혈관의 중간층에 있는 대식세포가 출동하여 상처 부위에 엉겨 붙은 콜레스테롤과 지방을 먹어치우는데, 지방을 먹은 대식세포는 거품세포로 변하게 됩니다. 이렇게 거품세포와 지방, 혈소판 등이 쌓이면 매끈해야 하는 안쪽 혈관이 도로의 안전블록처럼 울퉁불퉁한 덩어리를 형성합니다. 이 덩어리를 플라크Plaque라고 하는데, 플라크가 커지고 많아질수록 혈관이 좁아질 뿐만 아니라 쉽게 터지기 때문에 혈전이 생기면서 혈관을 완전히 막아버릴 수 있습니다.

    혈관이 막히면 혈액이 제대로 순환하지 못하고, 심장근육은 순식간에 노랗게 죽어버립니다. 이렇게 심장근육이 죽은 것을 급성심근경색증이라고 합니다. 우리나라의 실질적 사망원인 1위가 바로 급성심근경색증입니다. 사실상 심근경색증을 예방하는 것이 우리가 건강하고 평범한 일상을 오랫동안 영위해갈 수 있는 핵심 요인이라고 해도 과언이 아닙니다.

심부전은 급사로 이어질 수 있다

심혈관계 문제나 심장질환이 더욱 위험한 이유는 이러한 증상이 결국 심부전이나 급사로 이어질 수 있기 때문입니다. 심부전은 말 그대로 심장이 제 기능을 하지 못하고, 수축하고 이완하는 기능이 저하된 상태를 말합니다. 제일 흔하게 보이는 증상은 호흡곤란입니다. 평소에 늘 숨이 차고 누워 있을 때도 호흡하기 힘들어집니다. 또 만성적으로 피로하며, 발목 부종이 심한 것도 간이나 콩팥, 심장이 보내는 위험신호로 받아들여야 합니다. 몸이 부으니 뱃속의 장기가 활발히 움직이지 못해 변이 잘 나오지 않는 경우도 많습니다.

기본적으로 심부전을 유발하는 가장 큰 원인은 고혈압증입니다. 고혈압 상태가 지속되면 심장이 강한 압력을 견디기 위해 점점 비대해지기 때문에 반드시 혈압약을 먹어 관리해야 합니다. 많은 분이 혈압약을 먹다가 말면서 소홀하게 생각하는데, 고혈압을 방치하는 것은 아주 위험한 습관입니다.

또 심근경색증이나 협심증으로 인해 심장근육의 일부가 죽어버리면 나머지 근육이 더 많은 일을 떠맡게 됩니다. 아무래도 심장의 수축력이 낮아지고 점차 기능이 악화되며 이 역시 심부전으로 발전할 수 있죠. 설령 급성심근경색증을 치료했더라도 이후에 조심하지 않으면 안 됩니다. 그 외에도 술을 오래 마신 경우에 확장성 심근병증이 심부전으로 이어질 수 있고, 허혈성 심장질환, 알코올성 심장질환 등도 모두 결국은 심부전에 도달한다고 보면 됩니다.

심부전은 진행 정도에 따라 1단계에서 4단계까지 나뉘며, 1단계는 격렬한 운동을 할 때만 증상이 있지만, 4단계가 되면 안정 시에도 숨이 차고, 발목을 비롯한 전신 부종이 나타납니다. 이 단계에서는 약물치료 효과도 제한적이며, 1년 내 사망률이 30~80%에 이를 수 있습니다. 고령화로 심부전 환자는 꾸준히 증가하고 있으나, 의료기술 발전 덕분에 다행히 일부 환자의 예후는 개선되고 있습니다.

　이 경우에 부검을 해보면 심장근육에 하얀 섬유화 조직들이 발견됩니다. 과거에 심근경색으로 심장의 일부가 괴사한 흔적인데, 수축과 이완 기능이 떨어진 채로 오래 방치되면서 심부전, 돌연사의 가능성이 높아진 겁니다. 따라서 심부전은 반드시 치료를 받아야 하며, 평소 고혈압증을 오래 앓았거나 몸이 붓고 피로하다고 느끼면 빨리 병원에 가야 합니다. 비용이 조금 들더라도 건강검진에서 심초음파를 받아보는 것도 추천합니다.

심근경색은 30대에도 찾아온다

　제가 부검한 사례 중에 테니스를 즐기던 54세 남성이 있었습니다. 테니스를 치면서 운동을 생활화하는 분이었는데, 어느 날 운동이 끝난 뒤에 갑자기 가슴을 부여잡고 쓰러졌다고 합니다.

부검을 해보니 역시나 관상동맥이 막혀 있었습니다. 간혹 식이 습관이나 생활 습관이 좋지 않아도 운동만 하면 만병통치라고 생각하는 분이 계실 겁니다. 하지만 운동을 정말 열심히 해도 흡연과 음주, 고혈압증, 당뇨 등의 여러 위험인자를 모두 극복해낼 수는 없습니다.

혹 가슴이 뻐근하고 아파오는 증상을 느낀다면 우선 병원에 가야겠지만, 심장질환은 약물 처방뿐만 아니라 생활 습관의 개선이 필수적으로 병행돼야 합니다. 여기에서 제일 우선순위로 두어야 할 것은 단연 금연입니다. 담배를 피우면 혈관에 계속해서 타격을 가하게 되기 때문에 혈관이 손상을 입고, 궁극적으로 심근경색증 발병 위험이 높아집니다. 신선한 채소와 과일, 적절한 단백질, 이왕이면 통밀을 섭취하는 건강한 식이와 적당한 운동도 필요합니다. 특히 고혈압증이나 당뇨가 있다면 짠 음식의 섭취를 줄이고 운동을 병행하며 체중 조절을 하는 것이 매우 중요합니다.

운동은 하루 1시간 정도의 중강도 운동을 가장 추천합니다. 중강도 운동이란 옆 사람과 가볍게 대화를 나누기가 약간 힘든 정도를 말하는데, 식사 후에 빠르고 활기차게 20~30분 걷는 것도 좋은 습관입니다. 매일 꼬박꼬박 운동하기는 어렵더라도, 몸을 아예 움직이지 않는 게 몸에 제일 안 좋은 행동입니다.

아직 나이가 젊으면 심근경색증 같은 심장질환을 걱정할 필요가 없다고 생각하는 분이 많지만, 제가 부검으로 경험한 케이스 중에는 의외로 30대에 심근경색증이 꽤 나타났습니다. 이전에는 한 택배기사가 근무 도중에 갑자기 쓰러져 사망한 사건이 언론에 보도됐습니다. 이분은 물품 배송 도중에 가슴 통증을 느꼈지만 워낙 바쁘게 일하다 보니 조금 쉬면 괜찮을 거라는 생각으로 참다가 차량 안에서 쓰러졌다고 합니다. 부검해보니 역시나 혈관이 4분의 3 정도 막혀 있었습니다. 평소처럼 아무렇지 않게 생활하다가 갑자기 돌아가시는 경우는 이런 심혈관계 질환의 케이스가 가장 많습니다.

가장 활동적인 나이, 또 앞으로 할 수 있는 일이 정말 많이 남아 있는 나이에 갑작스러운 죽음을 맞이한다면 너무나 안타까울뿐더러 주변의 소중한 사람들에게도 더없이 황망한 일입니다. 공기처럼 늘 곁에 있어 그 소중함을 잊기 쉽지만 심장이 보내는 신호에는 항상 촉각을 곤두세워야 합니다. 누구나 알고 있지만 모두가 실천하지는 않는 건강한 습관의 중요성을 간과해서는 안 되겠죠. 당연하게 찾아오는 내일의 페이지를 넘길 수 있게 해주는 것이 바로 건강한 습관으로 만들어진 건강한 심장입니다.

막히거나 터지는
혈관의 최후

VOL. 2

혈관

REPORT OF INVESTIGATION BY MEDICAL EXAMINER

CASE NUMBER __02__   PARTS __Blood vessel__

DESCRIPTION OF BODY

SEX __female__   AGE __38__   DATE OF BIRTH __19870508__

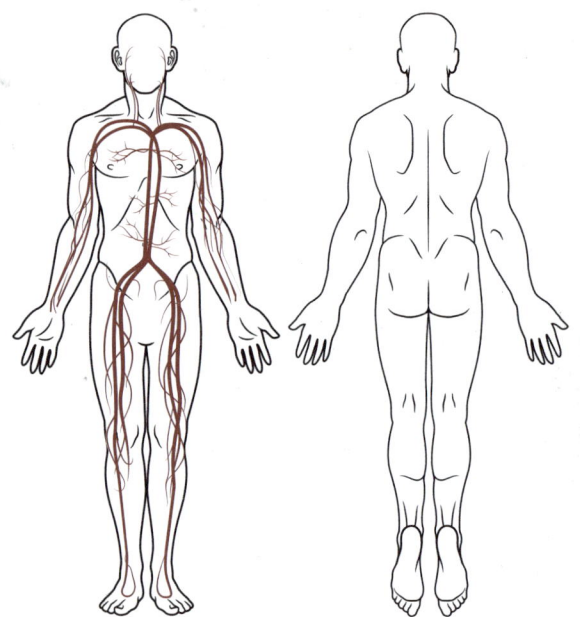

CAUSE OF DEATH

Aortic Dissection

- 심낭 내부에 응고된 혈액이 가득 들어 있음
- 사망 원인은 대동맥 박리

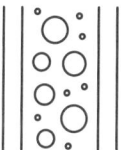

CASE

38세 여성 A씨는 직장 생활을 하며 스트레스가 쌓일 때마다 건물 한편에 마련되어 있는 흡연 장소에서 담배를 한 대 피웠다. 그게 유일한 스트레스 해소법이었다. 더불어 10년 넘는 직장 생활 동안 야근이 잦아 야식을 주로 먹다 보니 입사 당시보다 15kg이나 살이 찐 상태였다. 최근 다이어트를 시작했지만 여전히 음식을 향한 유혹을 떨치기는 어려웠다.

하루는 그녀가 동료와 함께 담배를 피우려고 흡연 장소로 이동하다가 전날부터 시작된 등의 통증을 호소했다.

"어제 낮부터 계속 등이 아프네. 진통제를 먹어도 소용없어. 병원에 한번 가봐야 되나? 어디로 가야 하지?"

동료는 그녀가 살이 조금 찌긴 했어도 건강한 편이라고 생각했기 때문에 다이어트로 운동을 해서 등이 결린 게 아니겠느냐며 가볍게 대꾸했다. 그 순간, 담배 연기를 한 모금 뱉어내던 그녀는 아무 소리도 내지 못하고 갑자기 쓰러져버렸다. 주변에 있던 동료들은 혼비백산하며 심폐소생술을 진행하고 119에도 급히 신고했다. 119 구급대가 출동했을 때는 이미 심정지 상태였고, 심폐소생술을 계속 하면서 병원에 도착해서도 전문 심폐소생술을 실시했으나 그녀는 회복하지 못하고 끝내 사망했다.

부검대에 오른 그녀의 심장을 싸고 있는 심낭을 절개했을 때 심낭 내부에는 응고된 혈액이 가득 들어 있었다. 좌심실에서 전신에 피를 공급하기 위해 위로 뻗어 있는 대동맥 내부가 찢어진 대동맥 박리 때문이었다.

※ ※ ※

건강 이야기만 나오면 늘 듣는 잔소리 같은 말들이 있죠? 담배는 피우지 말고, 균형 잡힌 식습관에 적절히 운동도 해야 한다는 건 전 국민에게 익숙한 이야기일 겁니다. 이런 생활 습관이 정말로 건강과 직접적인 연관이 있긴 할까요? 그럼요, 연관이 있습니다. 바로 혈관 때문입니다.

혈관은 우리 몸을 샅샅이 훑고 지나가는 복잡한 도로망이라고 할 수 있습니다. 그 길이 어느 한 군데라도 막히면 교통정체가 발생하고, 길이 끊어지기라도 하면 산소와 영양분을 배달할

방법이 아예 사라집니다. 그러니 혈관을 건강하게 유지하기 위한 생활 습관의 중요성은 아무리 강조해도 지나치지 않습니다. 어떻게 보면 혈관 건강을 지키는 방법은 너무 간단하지만, 혈관이 상처를 입거나 막혔을 때 초래하는 결과는 돌이킬 수 없을 만큼 치명적이니 말이죠.

혈관을 상처내고 터뜨리는 원인들

혈액을 운반하는 통로인 혈관은 세 개의 층으로 이루어져 있습니다. 그중 가장 안쪽 내피는 혈액과 직접 맞닿기 때문에 혈류를 매끄럽게 유지하는 중요한 역할을 합니다. 그런데 혈관의 내피에 상처가 생기거나 지방이 쌓여 길이 막히면 문제가 생기기 시작합니다. 과연 지금 우리 혈관은 어떤 상태일까요?

일반적으로 스물다섯 살 이후부터 대부분의 사람에게는 혈관 안쪽에 '지방흔Fatty Streak'이라는 것이 관찰되기 시작합니다. 이는 동맥 안쪽에 줄무늬 같은 지방질이 얇게 끼는 것을 말합니다. 기록에 의하면 일곱 살부터 관찰된 경우도 있다고 하는데, 과도한 지방 섭취로 고도비만이 되면 그럴 수 있습니다. 당연히 어른들도 기름진 음식을 많이 먹고 운동은 하지 않으면 지방질이 끼는 속도가 빨라지겠죠. 이렇게 혈관에 쌓인 지방질은 혈류를 방해하며, 심하면 혈관을 완전히 막아버리기도 합니다.

무엇보다 혈관의 내피세포가 매끄러운 상태로 기능할 수 없도록 혈관을 망가뜨리는 가장 큰 주범은 담배입니다. 담배 연기는 내피세포를 직접적으로 공격하고 자극을 주어 혈관벽을 지속적으로 상하게 만듭니다. 우리가 넘어져 무릎이 까지고 피가 나면 얼마 뒤에 상처가 아물지만, 본래의 살결로는 돌아오지 않고 피부가 반들반들해지는 걸 볼 수 있습니다. 섬유모세포가 모여들어 스파이더맨처럼 섬유를 뿌려대기 때문입니다.

마찬가지로 혈관도 한번 손상을 입으면 원래대로 돌아가는 것이 아니라 섬유질이 쌓이면서 조금씩 볼록하게 올라와 혈관 구멍을 막게 됩니다. 이렇게 울퉁불퉁하게 부풀어 오른 부분을 비유적으로 '험프Hump(혹)'라고 표현할 수 있습니다. 험프가 생기면 혈관벽이 울퉁불퉁해지고 혈액이 매끄럽게 흐르지 않습니다. 이로 인해 지방도 잘 달라붙어 동맥경화로 이어지기 쉬운 상태가 됩니다.

그 외에 고혈압증도 혈액이 너무 강한 압력으로 흘러 혈관벽에 손상을 유발하고, 몸에 있는 염증도 혈관을 지속적으로 공격합니다. 특히 당뇨병 환자의 경우 염증반응이 더 잘 일어나기 때문에 혈관 손상이 더 쉽게 발생하며, 염증 부위에 지방이 침착되면서 고지혈증으로 이어지기 쉽습니다.

혈관은 심장에서 혈액을 받아 산소와 영양소를 온몸으로 퍼트리는 역할을 합니다. 이때 심장에서 나온 피가 처음으로 지나가는 굵은 혈관이 바로 대동맥입니다. 혈관계의 중심이라고도 할 수 있는 대동맥이 찢어진다면 어떻게 될까요? 발생 과정은 조금 다르지만, '대동맥 박리'와 '대동맥류 파열'은 대동맥이 찢어지며 생기는 대표적 질환입니다.

대동맥은 성인 기준으로 직경이 2cm 정도입니다. 심장이 수축할 때마다 혈액은 수축기 120mmHg, 이완기 80mmHg의 강한 압력으로 대동맥을 따라 퍼져 나가게 됩니다. 심장과 가까이에서 이어지는 흉부, 복부의 대동맥들은 그 강한 압력을 고스란히 받아내고 있는 셈입니다. 영화를 보면 악당이 칼로 사람을 찔렀을 때 피가 뿜어져 나오는 게 바로 동맥이 찢어지면서 세차게 흐르던 피가 그대로 솟구치는 것입니다.

이 강한 압력의 혈액을 받아내는 대동맥은 원래 피부처럼 탱탱하고 탄력이 있어야 합니다. 그런데 주로 흡연, 고혈압, 지방이 쌓이는 이상지질혈증이나 당뇨병과 같은 위험인자가 있으면 대동맥이 딱딱해질 수 있습니다. 내피가 손상을 입으면 이를 복구하기 위해 염증세포와 혈소판이 몰려들고, 여기에 콜레스테롤과 칼슘이 달라붙으며 혈관벽이 두껍고 단단해지는 것입니다.

혈관이 딱딱해지면 어떤 일이 일어날까요? 심장이 강한 압력으로 혈액을 퍼트리려고 할 때 혈관이 쩍 하고 벌어질 수 있습니다. 동맥에는 내층, 중간층, 바깥층의 세 층이 있습니다. 그중 가장 안쪽에 있는 내층이 먼저 찢어지면서 강한 압력의 피가 중간층으로 파고들게 되고, 그 피가 중간층을 따라 퍼지면서 혈관이 부풀어 오르다가 결국 터져버리게 되는 겁니다. 이것이 바로 대동맥 박리입니다. 이렇게 되면 인공적으로 동맥을 통째로 교체해줘야만 합니다. 실제로 부검에서 장기간 흡연한 분들이 혈관이 터지며 돌아가신 경우를 많이 보게 됩니다.

대동맥류는 대동맥의 한쪽이 국소적으로 부풀어 오르는 것입니다. 마찬가지로 고혈압, 담배, 당뇨병, 이상지질혈증, 고지혈증 등이 원인입니다. 혈관벽의 일부가 주머니처럼 부풀어 오르니 혈액이 직선으로 나아가지 못하고 빙 돌아갑니다. 그러면서 더 큰 압력을 받게 되고, 언젠가는 주머니 부분이 터져버리는 것입니다. 특히 60대 이상의 남성에게 자주 발생하여 갑작스러운 사망을 초래하는 질병입니다만 앞선 사례와 같이 젊은 층, 그리고 여성에게서도 발견됩니다. 부검해보면 배 깊숙한 곳에서 심장과 연결된 대동맥이 부풀어 뚱뚱해져 있고, 딱딱한 혈관이 부서진 것도 보입니다. 이렇게 혈관이 막히거나 터지는 것이 혈관의 가장 비극적인 결과입니다.

무신경한 라이프 스타일을 끝내야 할 시간

혈관은 우리 몸의 머리끝부터 발끝까지 이어지는 생명의 통로나 마찬가지입니다. 이토록 중요한 혈관을 건강하게 지키는 방법은 우리가 매일 살아가는 일상 속에 있습니다. 일단 제일 먼저 혈관의 가장 큰 위협인 담배를 끊어야 한다는 것은 말할 것도 없겠습니다. 의지만으로 끊기 어렵다면 약이나 전문가의 도움을 받아서라도 금연을 권장하며, 그 시기는 내일보다 하루라도 빠른 오늘이어야 합니다.

다른 질병의 예방과 마찬가지로 건강한 식이 습관은 기본 중의 기본입니다. 특히 콜레스테롤이나 나트륨이 너무 많은 음식은 혈관을 빠르게 노화시키니 매일같이 곱창이나 라면 같은 음식을 먹으면 곤란합니다. 50~60대 고독사 케이스를 보면 대부분 간편하고 빠른 음식을 선호하여 혈관에 안 좋은 식습관을 가진 분이 많습니다. 적당한 운동도 혈관의 내피세포가 손상을 입지 않도록 지키면서 혈액순환까지 촉진하는 좋은 방법입니다.

잘 먹고, 운동하고, 충분한 수면을 취하는 것. 혈관 건강을 지키는 방법이 거창할 게 없고 너무 익숙하죠? 핵심은 우리가 노력하면 충분히 바꿀 수 있는 생활 습관이라는 점입니다. 온몸으로 뻗어 있는 혈관은 한번 망가지면 교체할 수가 없습니다.

심장에서부터 뇌, 손끝부터 발끝까지 이어지는 혈관을 소중하게 오랫동안 사용하려면 누구나 알지만 소홀히 여겼던 라이프 스타일의 근본적인 변화가 필요합니다.

한순간에 모든 것이 끝나는 치명적 장기

VOL.3

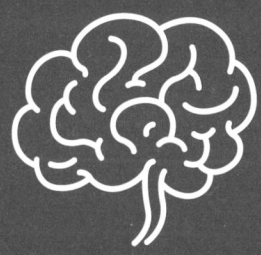

뇌

REPORT OF INVESTIGATION BY MEDICAL EXAMINER

CASE NUMBER   03   PARTS   Brain

DESCRIPTION OF BODY

SEX   female   AGE   54   DATE OF BIRTH   19710907

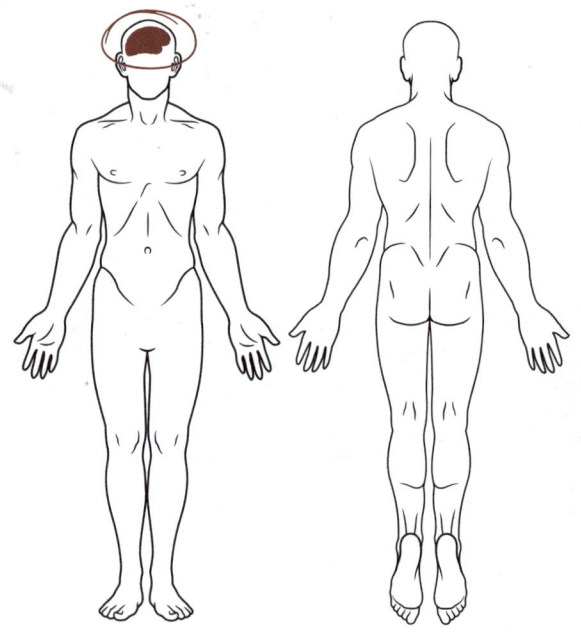

CAUSE OF DEATH

Subarachnoid Hemorrhage

- 뇌 표면 및 뇌실 내 출혈 있음

- 사망 원인은 동맥류 파열에 의한 지주막하출혈

CASE 1

54세 여성 A씨는 평소에 매일 수영장에 가서 운동할 만큼 건강했다. 그날도 그녀는 힘찬 자유영으로 25m 레인을 쉬지 않고 오갔다. 그러던 그녀가 갑작스레 수영을 멈추고 물 위로 떠올랐다. 뒤따라 수영해 오던 몇몇이 그녀를 피해 지나쳤지만, 이상함을 느낀 구조 요원이 그녀를 물 밖으로 건져냈다. 그녀는 거의 숨을 쉬지 않는 상태였다. 심폐소생술을 하고 119에 신고해 급히 병원으로 이송했지만 도착했을 때는 이미 사망한 상태였다.

그녀가 물속에서 수영을 멈추고 1분이 지나지 않아 구조했기 때문에 익사는 아닌 것으로 판단했으나 적확한 사망원인을 알 수 없었다. 내 부검대에 올라온 그녀는 건강하고 날씬한 체형이었다. 그녀의 머리뼈를 절제하여 관찰한 결과, 뇌는 부풀어 올랐고 뇌 표면에 지주막하출혈이 전체에서 확인됐다. 뇌실에도 혈액이 차 있었다. 또한 중간대뇌동맥에는 파열된 동맥류가 확인되어 사망원인으로 동맥류 파열에 의한 지주막하출혈을 판단했다.

--- ☑ **CASE 2** ---

중학교 2학년인 B군은 활동적이고 운동을 좋아하는 평범한 남학생이었다. 그날도 여느 때처럼 쉬는 시간에 교탁으로 서전트점프를 하는 내기를 했다. 그런데 B군은 점프하여 교탁에 발을 올려놓는 순간에 미끄러지면서 뒤로 넘어지고 말았다. 친구들은 야유를 하려다가 머리를 크게 '쿵' 부딪히는 소리가 심상치 않아 B군에게 괜찮은지 물으며 상태를 확인했다. 뒤통수를 어루만지던 B군이 "괜찮아. 조금 아프지만……"이라고 말하니 모두 안심하는 분위기로 다시 왁자지껄해졌다. B군은 머리가 약간 아프다며 바로 귀가했고, 엄마에게 학원을 가지 않겠다고 이야기한 후 일찍 잠들었다. 다음 날 B군은 싸늘하게 식은 시신으로 발견됐다.

부검대에 오른 B군의 머리뼈를 절제한 순간, 그의 대뇌 전체가 부종으로 부어 있었고 왼쪽 대뇌에 경막하출혈이 관찰됐으며, 그로 인해 대뇌가 오른쪽으로 밀려 있었다. 즉 B군의 사망원인은 경막하출혈이었다. 경막하출혈은 정맥출혈이기 때문에 짧으면 몇 분에서 길면 하루 이상까지 증상이 나타나지 않는 청명기가 있다. B군이 전날 넘어진 것을 경찰이 확인해주었고, 이를 유족에게도 설명했다.

CASE 3

생후 11개월 된 아이는 10월의 어느 밤에 병원 응급실로 후송됐다. 한창 웃고 울면서 귀여움을 떨 시기에 아이는 의식을 잃은 상태로 신체의 반사가 거의 확인되지 않았다. 여러 검사를 진행한 결과, 아이는 경막하출혈로 진단됐다.

경막하출혈이란 머리뼈 안쪽의 뇌경막과 지주막(거미막) 사이의 공간에 출혈이 발생하는 것으로, 대부분 외상이 그 원인이 된다. 머리가 빠르게 움직이다가 갑자기 멈추게 되는 가속-감속 기전에 의해 발생하는데, 임상적으로 땅에 넘어지거나 벽 같은 고정된 부위에 부딪혀 머리에 큰 충격이 가해질 경우에 관찰된다.

담당 의사는 의아했다. 보통의 아이에게는 경막하출혈이 발생할 일이 없기 때문이다. 의사는 새파랗게 젊은 20대 초반의 엄마에게 조심스럽게 물었다.

"아이가 언제부터 의식이 없었나요?"

"아이가 잘 노는 걸 확인하고 잠깐 분유를 준비하러 부엌에 갔다 오니 잠들어 있어서 그런가 보다 했어요. 그런데 계속 깨어나지 않아서……."

엄마는 눈 주위가 벌겋게 충혈된 채 대답했다.

"혹시 아이가 어디에서 떨어지거나 하지는 않았나요?"

의사가 재차 물었다.

"아니요. 흑흑, 그런 적 없는데…… 아!"

엄마가 갑자기 생각난 듯 이야기를 계속했다.

"우리 아이가 아까 오전에 보행기 없이 걷다가 넘어져서 크게 울긴 했는데……."

의사는 재차 물으려다 상태가 나빠졌다는 간호사의 응급 콜에 아이를 보러 돌아갔다. 수술이 진행됐고 몇 시간이 지난 아침에 아빠가 나타났다. 아빠는 고등학교를 막 졸업한 듯 어린 티가 났다. 전날 과음을 한 듯한 얼굴과 부스스한 머리카락을 한 채였다.

"우리 아이는 어떤가요? 수술은 잘됐나요?"

옆에서는 엄마가 흐느끼고 있었다.

"일단 머릿속 출혈을 제거하기 위해 응급수술을 진행했는데 아이의 상태를 지켜봐야 할 것 같습니다."

아빠는 그 말을 듣자 눈물을 뚝뚝 흘렸다. 갑작스러운 불행에 황망해하는 젊은 부부의 모습이었다. 아이는 의식을 찾지 못하고 며칠 후에 사망했다. 담당 의사는 안타까움을 느꼈으나 다른 고민도 있었다.

보통 병원에서 사망하면 사망진단서를 발급하게 된다. 사인死因란에 병으로 사망했음을 뜻하는 '병사'라고 적으면 그대로 장례가 진행된다. 의사는 뭔가 석연치 않아 고민했다. 아이는 두 경우 모두 아니었다. 오른팔에 멍이 들어 있었지만 넘어진 것이 원인은 아니라고 생각했다. 의사는 고심 끝에 사인을 외인사外因死로 적었다. 이에 병원 행정실에서는 절차에 따라 경찰에 신고했고, 출동한 경찰은 부모에게 질문을 던졌다.

"여기 의사 선생님이 외인사라고 했는데 외인사라는 건 자살, 타살, 사고사 뭐 이런 거예요. 아이가 갑자기 사망해서 정신없으시겠지만 협조해주십시오."

엄마가 거세게 항의했다.

"아이가 죽었는데 지금 무슨 경찰이 와서 이래라저래라 하는 건가요? 부모의 마음은 헤아리지도 않나요?"

아빠도 합세했다.

"아이가 죽은 마당에 무슨 의사가 경찰조사까지 받게 만들어? 당신은 아이도 없어?"

말이 점점 거칠어지자 의사는 내심 후회했다. 경찰이 나서서 부모를 달랬다.

"아이가 넘어진 적 있습니까?"

"네, 어제 걷다가 넘어져서 울었어요."

"그럼 그때 다쳤나 보네."

경찰이 재차 확인하고 사건은 그대로 사고사로 마무리되는 듯했다. 그런데 최종 결정자인 검찰에서 경찰의 사건보고서를 검토하고 뭔가 미심쩍었는지 부검을 지시했다. 당연히 부모는 부검에 반대했다. 특히 엄마는 아이가 이미 죽었는데 그 주검에 다시 칼을 대는 행위는 부모의 마음을 헤아리지 않는 처사라고 강하게 항의했다. 강력한 항의에도 불구하고 부검이 시행됐다.

병원에서 사망한 사람을 부검할 때는 모든 의무기록과 검사 자료를 확인한 후 시작한다. 아이의 몸을 전체적으로 확인했다. 오른팔과 오른 손목에 멍 자국이 있었다. 부검을 시작하고 나서 머리 왼쪽 관자뼈(머리 옆쪽의 뼈)의 골절과 오른쪽 뇌 부위의 경막하출혈을 확인했다.

비교적 간단한 부검이었다. 사망원인은 가속-감속에 의한 머리손상, 즉 머리가 속도를 가지고 움직이다가 갑자기 멈추면서 발생한 손상이었다. 성인이라면 보통 술을 마시고 넘어져 이런 일이 생긴다. 그러나 어린이, 특히 신장이 1미터 이하인 영아에게는 머릿속 혈관 질환이 있거나 추락한 게 아니라면 경막하출혈은 잘 발생하지 않는다.

경찰에게 담담하게 설명했다.

"오른팔과 오른 손목에 있는 멍 자국으로 봐서 아이가 살아 있었을 때, 즉 생전 손상이 있었습니다. 머리 왼쪽 관자뼈의 골절과 함께 뇌의 오른쪽과 이마엽에 경막하출혈이 있는 것으로 보아 추락했거나 벽에 머리를 세게 부딪힌 것으로 보입니다. 그러니 다시 잘 조사해보십시오."

경찰은 유능하게 변했다. 엄마를 어떻게 취조했는지 몰라도 결국 자백을 받아냈다. 아이와 부모가 살았던 집을 조사해서 아이가 벽에 부딪힌 흔적도 찾았다. 엄마의 진술은 사뭇 안타까웠다.

"고등학교를 막 졸업하고 아이가 생겨 어쩔 수 없이 결혼을 하게 된 상황이 너무 싫었어요. 남편은 변변한 직업도 없이 매일 술을 마셔서 화나 죽겠는데 아이도 자꾸 울어댔어요. 그래서 벽에 딱 한 번 던졌는데 아이가 조용해지더니 갑자기 의식을 잃었어요."

이런 현상은 전형적인 '원하지 않은 아이Unwanted Child'에 대한 폭력이다. 부모가 자식에 대한 사랑보다 자기본위적인 욕구를 우선하는 데서 발생한다. 단지 부모가 원치 않았던 자식이라는 이유에서 행해진 일이다.

✳ ✳ ✳

뇌는 인체를 통제하는 최고의 사령탑입니다. 우리가 숨 쉬고 걷고 말하며 감정을 느끼는 모든 과정에 뇌가 관여하죠. 뇌의 중요성은 굳이 강조하지 않아도 모르는 사람이 없을 겁니다. 사랑에 빠지면 심장이 뛰지만 사랑을 경험하고, 기억하고, 울고 웃는 감정을 느끼는 것도 다름 아닌 뇌가 하는 일입니다. 그렇다면 뇌는 결국 우리 존재의 본질 그 자체인지도 모릅니다. 법의학자는 뇌를 통해 그 사람의 일대기, 한 사람이 살아온 하나의 커다란 우주를 조용히 들여다보게 됩니다.

우리 몸의 지휘 본부, 뇌

뇌는 약 1.2~1.7kg 정도로, 제가 들어보면 생각보다 무겁습니다. 뇌는 머리뼈 안에 딱 들어맞게 존재하는 장기입니다. 마치 부침용 두부처럼 말랑하고 무른 조직으로, 손으로 만져보면 아주 쉽게 으깨질 것 같은 섬세한 질감을 가졌습니다. 뇌는 외부 충격에 매우 취약하기 때문에 바깥에서부터 머리카락, 두피〔피부Skin, 결합조직Connective tissue, 건막Aponeurosis, 느슨한 결합조직Loose areolar connective tissue, 골막Pericranium 등 다섯 개의 층〕, 머리뼈(두개골), 세 개의

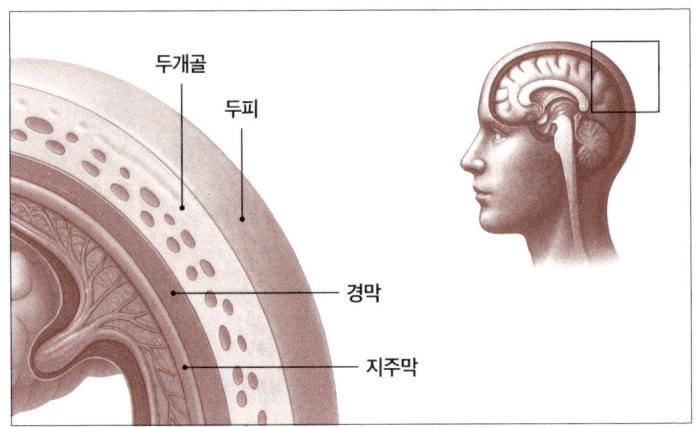

● 뇌 표면의 구조

뇌막(경막, 지주막, 연막)이라는 단단한 보호막들에 칭칭 둘러싸여 있습니다.

그런데 무른 뇌가 단단한 머리뼈 안에 들어 있으니, 머리를 흔들다 보면 뇌와 머리뼈가 부딪치면서 큰일이 나는 건 아닌가 걱정하는 분들도 있을 겁니다. 하지만 사실 지주막 아래에 있는 물주머니 형태의 뇌척수액이 뇌와 척수를 감싸고 있습니다.

뇌의 표면은 회색질과 백색질로 나뉩니다. 겉부분은 회색질로 이루어진 주름진 대뇌피질이고, 그 아래에는 백색질의 신경섬유가 분포해 있습니다. 뇌에는 약 1,700억 개의 세포가 존재하며, 그중 약 860억 개가 뉴런, 나머지 850억 개는 별아교세포,

희소돌기아교세포, 미세아교세포 같은 아교세포로 구성되어 있습니다.

태어날 때는 이보다 많은 뉴런이 존재하지만, 성장과정에서 불필요한 신경세포는 제거되고, 성인이 되면 약 860억 개로 정리됩니다. 그러면 나이가 들수록 머리가 나빠지는 것 아닌가 걱정되죠? 나이가 들수록 신경세포 수는 다소 줄 수 있지만, 중요한 것은 세포 간의 연결인 시냅스^{Synapse}입니다. 하나의 뉴런은 평균적으로 수천 개의 시냅스를 통해 다른 뉴런과 연결되는데, 이 연결망은 학습과 경험에 따라 강화되거나 재구성되기도 합니다. 따라서 나이가 들면서 뇌세포가 줄어들더라도 시냅스 연결이 활발하고 유연하면 사고력과 판단력은 유지되거나 더욱 깊어질 수 있습니다.

여러분이 잘 아시다시피 뇌는 우리가 생각하고 말하고 기억하고 판단하는 모든 고차원적 기능을 수행하는 기관이며, 동시에 생명 유지에 필수적인 자동조절기능도 담당합니다. 그래서 뇌는 우리 몸무게의 2% 정도 무게에 지나지 않는데도 전체 혈류의 약 20%를 사용할 정도이지요.

우리 신경계는 중추신경계와 말초신경계로 구성되어 있는데, 중추신경계에 바로 뇌와 척수가 포함됩니다. 뇌는 대뇌, 간뇌, 뇌간, 소뇌로 구성되어 있습니다.

그중에서 대뇌는 좌우 두 개의 반구로 나누어지며, 우리의 감정, 판단, 언어, 감각, 운동을 조절합니다. 좌반구는 언어와 논리적 사고에, 우반구는 감정과 창의성에 더 관련이 깊다고 알려져 있습니다. 또 앞쪽 대뇌인 전두엽은 장기기억과 판단력, 절제력과 계획을 담당하는 사령관 역할을 하고 위쪽에 있는 두정엽은 시공간 정보처리를 잘합니다. 머리의 양쪽 옆에 있는 측두엽 중 왼쪽 측두엽은 청각 정보처리와 언어를 담당하고 오른쪽 측두엽은 주의를 집중하는 역할을 합니다. 후두엽은 시각을 담당하고요.

중간 구조인 간뇌는 시상과 시상하부로 구성되어 있습니다. 시상은 시각, 청각, 통각, 온도감각 등 대부분의 감각 정보를 대뇌로 전달하기 전에 이를 중계하고 조절하는 역할을 합니다. '감각의 관문'이라고 보면 되죠. 시상하부는 체온, 식욕, 수면, 성욕 등 생존과 관련된 본능적 기능을 조절하고, 자율신경계 및 내분비계의 중심으로서 뇌하수체를 통해 호르몬 분비도 조절합니다.

뇌간은 연수, 교뇌, 중뇌로 이루어져 있고 호흡, 맥박, 혈압, 체온 유지 등 생명과 직결된 자율 조절 기능을 담당합니다. 만약 이 부위가 손상되면 자율적인 생명 유지가 불가능해집니다.

그리고 소뇌는 운동의 조절, 평형감각을 관장하는 부위로,

우리가 걷거나 글씨를 쓸 때 움직임을 미세하게 조정해줍니다. 이처럼 뇌는 신체 기능과 의식 활동 전반을 통제하는, 말 그대로 생명과 존재의 중심입니다.

뇌혈관질환에서 사망까지, 뇌졸중

뇌는 20% 내외의 심박출량을 소비하는 고대사량 기관이기 때문에 혈액 공급이 중단되거나 출혈이 발생하면 매우 빠르게 손상됩니다. 뇌졸중은 크게 두 가지로 나뉩니다. 하나는 혈관이 막혀서 발생하는 뇌경색(허혈성 뇌졸중), 다른 하나는 혈관이 터져서 발생하는 뇌출혈(출혈성 뇌졸중)입니다.

뇌경색은 혈전이나 색전 등에 의해 뇌혈관이 막히면서 해당 부위에 산소와 포도당이 공급되지 않아 뇌세포가 괴사하는 질환입니다. 뇌의 손상 위치에 따라 운동마비, 언어장애, 시야 손실 등이 다양한 형태로 발생하며, 대뇌피질이나 뇌간이 손상될 경우에는 급사로 이어질 수도 있습니다. 부검에서는 해당 부위가 말라붙은 듯한 회백색의 연질 변화를 보입니다.

뇌출혈은 혈관이 터지면서 발생하는데, 고혈압이 가장 흔한 원인입니다. 특히 피질하출혈, 뇌실질내출혈, 지주막하출혈 등이 있습니다. 출혈량이 많지 않아도 출혈 위치가 중요합니다.

예를 들어 지주막하출혈은 혈액이 뇌를 싸고 있는 지주막 아래로 퍼지며 뇌압을 급격히 상승시켜 몇 분 이내에 의식 소실과 호흡 정지를 유발합니다.

법의학적으로 지주막하출혈이 있는 시신에서는 뇌혈관 기저부(바닥 쪽)에 있는 대뇌동맥류 파열 여부를 반드시 확인해야 합니다. 앞서 첫 번째 케이스로 다룬 여성이 대뇌의 바닥 쪽에 있는 중간대뇌동맥의 동맥류가 터지며 사망했습니다. 뇌바닥에 출혈 흔적이 없고 외상이 동반된 경우에는 외상성 출혈일 가능성을 감별하기도 합니다.

뇌졸중을 예방하기 위해서는 딱 여덟 가지를 생각하면 됩니다.

첫째, 고혈압증을 관리해야 합니다. 침묵의 살인자라고 부르는 고혈압증을 예방하려면 짜게 먹지 말고, 꾸준히 운동하며 의사의 적절한 치료를 받는 것이 중요합니다.

둘째, 당뇨병을 관리해야 합니다. 뒤에 혈당에 대해 말씀드리겠지만 식단 조절과 운동, 그리고 역시 의사의 도움을 받는 것이 중요합니다.

셋째, 고지혈증을 관리해야 합니다. 의사와 상담해서 약물요법으로 콜레스테롤과 같은 혈액 속의 지질이 높지 않게 유지하는 것이 중요합니다.

넷째, 흡연은 모든 질환의 출발점인 만큼 금연을 권유합니다.

다섯째, 만성적인 음주는 혈관과 뇌 자체에 영향을 끼쳐 뇌졸중을 유발할 가능성이 높습니다. 절주하거나, 필요하다면 금주를 권장합니다.

여섯째, 비만 및 대사증후군에 해당한다면 체중 감량, 식습관 개선과 함께 유산소운동과 근력운동이 필수입니다.

일곱째, 심장에 문제가 생겨도 혈전이라는 것 때문에 뇌졸중이 생길 수 있습니다. 심장질환이 있다면 꼭 전문의와 상담한 후 치료해야 합니다.

여덟째, 제 개인적인 주장이지만 50세 이후에는 혈관을 정밀하게 들여다볼 수 있는 MRA를 한번쯤 찍어보는 것을 권유합니다. 앞서 수영장에서 사망한 여성도 건강 체질이었지만 머릿속 대뇌의 동맥류를 전혀 모르고 있다가 파열되어 돌아가신 경우였습니다.

외상성 뇌출혈의 유형과 아동학대

사고나 폭행으로 발생하는 외상성 뇌출혈은 임상과 법의학에서 매우 중요한 판단 요소입니다. 대표적인 외상성 출혈은 다음과 같습니다.

먼저 경막외출혈 Epidural Hemorrhage은 대부분 두개골 골절과 동반되며, 중간대뇌동맥 파열로 경막과 두개골 사이에 출혈이 생기는 것을 말합니다. 일시적 의식 회복 후 급격히 혼수상태에 빠지는 '의식 청명기Lucid Interval'가 특징입니다.

경막하출혈Subdural Hemorrhage은 정맥이 파열되어 경막과 지주막 사이에 혈액이 고이는 것인데, 대개 앞서 언급한 가속-감속 기전이 작용하기 때문에 넘어지면서 발생하는 경우가 대부분입니다. 두 번째 케이스로 소개한 남학생은 법의학자라면 흔하게 보는 사례입니다. 급성경막하출혈이 크게 번지지 않으면 만성으로 넘어갑니다. 만성경막하출혈은 수주에서 수개월에 걸쳐 발생할 수 있으며, 대개 경미한 외상이 있었던 노인에게서 많이 관찰됩니다.

만성경막하출혈의 경우에 출혈이 딱딱하게 굳어서 뇌를 누르기 때문에 의식 저하나 이상행동을 보일 수도 있습니다. 평소에 점잖던 분이 갑자기 이상한 행동을 할 경우, 그분이 술을 좋아한다면 자신도 모르게 넘어지면서 경막하출혈이 발생했을 가능성이 있습니다. 소량의 출혈이라 생명에는 지장이 없었으나 출혈이 굳으면서 뇌를 압박하여 이상행동을 보이게 되는 경우를 고려해볼 수 있는 것이지요.

또한 지주막하출혈Subarachnoid Hemorrhage이 발생하면 외상으로 지주막 밑 공간에 혈액이 고이면서 뇌압을 상승시키고 뇌간을 압박하여 사망에 이를 수 있습니다.

이런 출혈들은 각각 발생 기전과 임상 경과가 다르므로 부검 시에 출혈의 위치와 양, 혈액의 상태(신선한 혈액인지, 오래된 응혈인지)를 면밀히 관찰해야 합니다. 때로는 하나의 두부 손상에서 세 가지 출혈이 동시에 발생하기도 하죠. 또한 사망 시점과 외상 시점의 인과관계 분석도 중요합니다.

뇌출혈이 아동학대와 연관이 있는지도 살펴봐야 합니다. 아동학대는 법의학자에게 너무나 안타깝고 복잡한 사건입니다. 생후 1세 미만의 영아는 머리를 심하게 흔드는 것만으로도 심각한 뇌손상이 발생할 수 있습니다. 과거에는 이를 '유아 흔들기 증후군Shaken Baby Syndrome'이라고 불렀습니다. 다만 실제 법의학적으로는 던지기, 벽에 부딪히기, 밀기 등 다양한 물리적 폭력이 함께 가해지기 때문에 단순히 '흔들었다'의 기전을 넘어선 '학대성 머리손상Abusive Head Trauma'이라는 용어를 씁니다.

이렇게 아이의 몸을 과도하게 흔들거나 던지거나 밀쳐서 딱딱한 곳에 머리를 부딪게 만들면 경막하출혈과 망막출혈이 동반됩니다. 다만 현저한 손상이나 골절이 외부에서 보이지 않는 경우가 많아 학대 여부를 놓치기 쉽습니다. 부검 시에는 경막하출혈의 분포, 혈액의 신선도, 경막의 조직 반응 등을 정밀하게 분석하고, 아동의 발달단계에서 발생 가능한 손상인지를 고려하여 법적 판단을 도와야 합니다.

아동학대 사건은 때로 세 번째 케이스와 같이 부검을 거쳐서만 진실이 드러나는 경우도 많습니다. 뇌출혈의 원인이 과연 낙상인지 타인의 힘에 의한 것인지, 사고인지 학대인지 판단하는 핵심에는 뇌가 있습니다.

감정과 기억의 해석자, 변연계와 편도체

감정을 조절하는 뇌의 중심은 변연계Limbic System입니다. 이 구조에는 해마(기억), 시상하부(내분비 및 자율신경계 조절), 편도체Amygdala가 포함되어 있습니다. 이 중 편도체는 특히 공포와 분노 같은 원초적 감정을 담당하며, 위협에 대한 반응을 결정하는 매우 중요한 구조입니다.

실제로 편도체가 손상된 사람은 공포 반응이 무뎌지고, 위험한 상황에서도 도피 반응을 보이지 않는 경우가 있습니다. 이는 자폐증이나 외상후스트레스장애PTSD와도 관련이 있으며, 감정 조절이 어려운 다양한 정신질환의 연구에도 중요한 열쇠가 됩니다.

법의학적으로도 편도체와 감정의 관계는 중요합니다. 충동 조절이 어려운 범죄자의 뇌에서 편도체의 구조나 활동 이상이 발견된 경우도 있으며, 이런 생물학적 기반은 정신감정 평가에서 중요한 참고 자료로 활용됩니다. 그러나 생물학적 소인이 범죄의 면책 사유가 될 수 있는지는 또 다른 윤리적 논의가 필요합니다.

뇌는 단순한 기관이 아닙니다. 그저 몸에 명령을 내리는 '지휘소'나 사고와 감정을 조절하는 '컴퓨터'로 환원될 수 없습니다. 뇌는 한 사람의 성격, 기억, 욕망, 두려움, 사랑과 같은 무형의 세계를 담고 있는 고유한 우주입니다.

법의학자로서 저는 사망한 이들의 뇌를 매일 들여다봅니다. 생명은 떠났지만, 그 뇌에는 그들이 살아온 삶의 궤적이 고스란히 남아 있습니다. 누구에게는 사고의 흔적이, 누구에게는 병의 그림자가, 또 누구에게는 타인의 폭력이 만들어낸 파편이 남아 있습니다.

뇌를 관찰한다는 것은 단순히 병리학적 변화를 기록하는 일이 아니라, 그 사람이 마지막까지 어떤 과정을 겪었는지 되짚어보는 일입니다. 그래서 뇌는 단순한 장기가 아닙니다. 한 인간의 가장 깊은 이야기이자, 죽음을 넘어서도 남아 있는 마지막 언어입니다.

독감부터 폐렴까지,
조용히 말라죽인다

VOL. 4

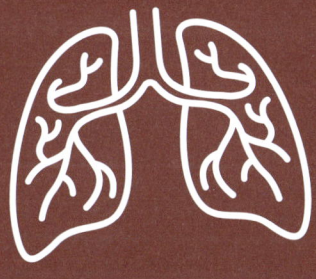

폐

REPORT OF INVESTIGATION BY MEDICAL EXAMINER

CASE NUMBER 04   PARTS Lung

DESCRIPTION OF BODY

SEX male   AGE 60   DATE OF BIRTH 19650714

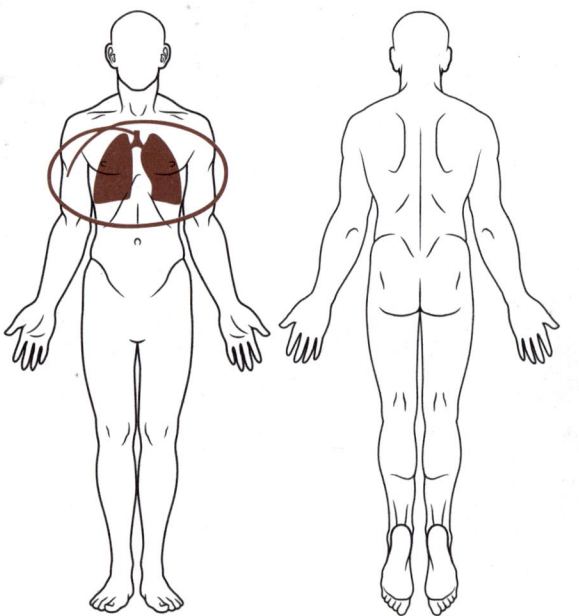

CAUSE OF DEATH

Pneumonia

- 폐 기관지 내 점액과 염증, 폐에 고름 가득함

- 사망 원인은 폐렴

폐

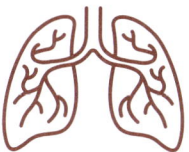

─────────── ☑ CASE 1 ───────────

A씨는 아내가 사망한 후 4년간 우울증에 빠져 직장도 그만두었다. 하나밖에 없는 딸은 결혼하여 출가했고 홀로 남은 그는 집에서 술에 의지하며 살아갔다. 추운 겨울이 지나고 3월에 접어들었을 때 딸은 아버지의 건강이 걱정되어 자주 전화를 했다. 감기에 걸린 듯한 코맹맹이 목소리와 간헐적으로 나오는 기침 소리를 들은 딸은 병원에 가보기를 권유했고, A씨는 마지못한 듯 가겠다고 대답했다. 며칠 후 딸은 걱정되는 마음에 다시 전화를 걸었으나 연락이 닿지 않았다. 서둘러 집에 찾아온 딸은 침대에 누운 채로 이미 사망한 아버지의 모습을 발견했다.

부검을 실시해서 본 A씨의 폐 기관지 내에는 끈끈한 점액 성분이 가득했고, 원래대로라면 공기가 차 있어야 하는 폐에는 기관지 염증과 폐 염증으로 인해 고름이 가득했다. 사망원인은 폐렴으로 진단됐다.

☑ CASE 2

B씨는 단순노동에 종사했다. 아내와 이혼 후 딸을 헌신적으로 키우던 그에게는 하루도 쉴 여유가 없었다. 작년부터 기침을 간헐적으로 하고 오후에 힘이 빠지는 증상이 있었으나 약국에서 기침약을 사 먹는 것으로 치료를 대신했다. 그는 언젠가 딸이 대학에 들어가면 그때부터 몸을 챙겨야겠다고 주변에 이야기하곤 했다. 하지만 어느 날 그는 화장실 변기에 피를 토한 채 사망한 상태로 발견됐다. 주변에서 자주 기침을 했다는 것 이외에 큰 병은 없었다는 진술이 있었지만 막상 부검대에 누운 B씨는 깡마른 체형으로 피부가 까맣게 보였다. 가슴을 절개한 후 관찰되는 양쪽 폐 전체에 소위 '치즈'처럼 흐물거리는 고름의 작은 점들이 가득했다. 속립성 결핵이었다. 결핵을 제때에 치료하지 않으면 결핵균이 폐 전체에 퍼지는데, B씨에게서는 혈관까지 결핵균이 침식하면서 출혈이 기관지와 기도 그리고 입을 통해 분출된 것이었다.

✵ ✵ ✵

사람이 죽는다는 것은 숨이 멎는다는 뜻이고, 숨이 멎는다는 것은 폐가 더 이상 제 기능을 하지 못한다는 뜻이기도 합니다. 즉 폐는 우리가 생명을 유지하기 위해서 반드시 필요한 '숨쉬기'를 관장합니다. 그런데 대한민국의 사망원인 중 가장 많은 세 가지가 암, 심장질환, 그리고 폐렴입니다. 통계에 따르면 하루에 평균 60명 이상이 폐렴으로 사망하고 있다고 합니다.

법의학자에게 폐는 사인에 관해, 또 생전에 앓던 질병이나 생활 습관에 관해 많은 이야기를 해주는 장기입니다. 익사처럼 물에 빠진 사람의 폐와 화재 때 질식한 사람의 폐는 전혀 다르며, 어쩌면 아무런 사고 없이도 일상에서의 오랜 흡연이 이미 폐를 잠식해왔을지도 모릅니다. 폐가 있어서 우리가 숨 쉴 수 있다는 것은 누구나 알지만, 너무 익숙해서일까요? 폐는 우리가 가장 쉽게 무심코 혹사하는 장기이기도 합니다.

폐는 숨만 쉬는 기관이 아니다

우리는 하루에 2만 번 이상 숨을 쉽니다. 숨을 쉴 때 가장 먼저 사용하는 기관은 물론 '코'입니다. 코로 숨을 들이마시면 산소는 후두와 기도, 기관지를 거쳐 폐에 도달합니다. 폐는 우리 몸에서 호흡을 결정적으로 담당하는 기관입니다. 평소에는 전혀 의식하지 못하지만, 공기를 들이마시고 내뱉는 매 순간 폐는 바쁘게 일을 하고 있는 것이죠.

폐는 어떻게 생겼을까요? 폐는 갈비뼈 안쪽의 가슴에 좌우 한 쌍으로 이루어져 있습니다. 심장이 살짝 왼쪽으로 치우쳐 있기 때문에 왼쪽 폐는 오른쪽 폐보다 조금 가볍고 크기도 작습니다. 그래서 왼쪽 폐는 상엽과 하엽의 두 개 '엽Lobe'으로 구성되어 있고, 오른쪽 폐는 상엽·중엽·하엽의 세 개의 엽으로 구성되어 있습니다. 법의학에서는 늘 장기의 무게를 재는데, 보통 성인을 기준으로 한쪽 폐가 400~800g 정도라서 두 개를 합치면 1kg이 넘습니다. 꽤 묵직하죠? 그렇지만 익사한 경우나 울혈성 심부전과 같이 심장이 기능을 제대로 못할 경우에는 한쪽 폐가 1kg을 넘는 경우도 허다합니다. 폐에는 공기만 들어 있어야 되는데 물이 찼기 때문입니다.

폐의 안쪽으로는 기관지에서 갈라진 작은 가지들이 퍼져 나가듯 뻗어 있고, 그 끝에는 얇은 막으로 싸인 동글동글한 방들이 3억 개 정도 존재합니다. 그걸 모두 펼쳤을 때의 면적은 70~100m^{2}입니다. 우리가 숨을 쉬면 그 얇고 동글동글한 라인에 위치한 혈관들이 이산화탄소를 내뱉고 산소를 공급받습니다. 이 동그란 방을 '허파꽈리' 또는 '폐포'라고 부릅니다. 호흡을 할 때 산소가 기관지를 거쳐 폐에 도달한다는 말은 바로 이 3억 개의 폐포에 전달된다는 뜻입니다.

사람은 숨을 쉬어야 살 수 있고, 폐는 우리가 숨을 쉴 수 있도록 하는 장기입니다. 물론 이것만으로 폐의 기능을 대표할 수도 있겠지만, 폐는 단순히 호흡을 통해 우리를 살아 있게 만드는 것이 아닙니다.

산소와 이산화탄소의 교환

궁극적으로 호흡이란 산소와 이산화탄소를 교환하는 과정입니다. 우리가 들이마신 산소는 폐 속의 폐포를 거쳐 혈액 속으로 들어가고, 몸속에서 사용되고 남은 노폐물인 이산화탄소는 혈액에서 빠져나와 날숨으로 배출됩니다. 이 과정을 원활하게 지속하는 것이 폐의 가장 핵심적인 역할이자, 우리 생존을 위해 필수적인 요소 중 하나라고 할 수 있습니다.

산염기균형 유지(혈액 pH 유지)

복잡한 화학 공장이라고 할 수 있는 우리 몸이 잘 돌아가기 위해서는 항상 혈액의 일정한 산도를 유지해야 합니다. 정상적인 혈액의 pH는 7.35~7.45 정도로, 약알칼리성(염기성)입니다. 그리고 이 균형을 조절해주는 두 개의 장기가 바로 폐와 콩팥(신장)입니다. 폐는 이산화탄소를 배출하여 산도의 균형을 맞춥니다. 이산화탄소가 혈액에 오래 머무르면 점점 산성에 가까워지므로 이를 밖으로 내보내어 pH를 일정하게 유지하는 것입니다. 콩팥은 소변을 통해 몸속의 산성 또는 약알칼리성 물질을 내보내서 이를 조절하는 데 기여합니다.

면역기능(외부의 먼지와 병원체를 걸러내는 방어선)

우리가 숨을 쉬면 공기 중에 있는 수많은 먼지나 바이러스, 세균이 함께 몸속으로 들어오게 됩니다. 이러한 이물질은 코에서 한 번, 기도와 기관지에서 한 번, 그리고 폐에서 또 한 번 자체적으로 걸러집니다. 폐에 가까워지는 기관지의 안쪽에는 '섬모'라는 가느다란 털 같은 것들이 있는데, 여기에 면역세포와 면역글로불린이 분포해 있어 먼지나 병원체를 차단하고 공격하는 겁니다. 이처럼 폐는 숨 쉬는 역할뿐만 아니라 산염기의 균형을 맞추고 면역 방어 시스템을 구축하는 역할도 수행합니다.

부검 시 선명한 흔적을 보이는 폐렴

폐렴은 우리나라 사망원인 3위로 꼽힐 만큼 폐에 아주 흔하게 찾아오는 질병입니다. 언뜻 심한 기침을 하거나 피를 토하는 모습이 연상되지만 폐렴은 사실 전신 쇠약으로 은근하게 진행됩니다. 우리 몸의 산소포화도는 동맥에서 거의 100%에 가까워야 하는데, 폐렴에 걸리면 산소포화도가 떨어지며 서서히 질식까지 이르게 됩니다. 즉 숨을 못 쉬며 시름시름 앓다가 말라 죽게 되는 겁니다.

부검을 해보면 폐렴은 그 흔적이 선명하여 육안으로도 쉽게 구분됩니다. 정상적인 폐는 스펀지처럼 공기가 잘 통할 수 있는 구멍이 뻥뻥 뚫려 있습니다. 하지만 폐렴에 걸린 폐는 그 수많은 구멍 안에 백혈구와 지저분한 물질들, 고름 등이 가득 차 있고 기관지에도 누런 콧물 같은 염증이 가득합니다. 생전에 병원에서 엑스레이로 확인했다면 폐가 혼탁한 유리처럼 뿌옇게 보였을 겁니다.

 정말 안타까운 것은 폐렴을 흔한 감기 정도로 생각하고 병원에도 가지 않은 채 혼자 앓다가 돌아가시는 분이 많다는 점입니다. 부검했던 케이스 중에는 스물한 살의 어린 남학생도 있었습니다. 원래 지방에 살다가 서울에 올라와 혼자 자취를 했다는데, 감기에 심하게 걸려서 앓다가 목숨까지 잃고 말았습니다.

 그 남학생은 병원에서 항생제와 충분한 수액 공급을 포함해 여러 가지 대증치료를 함께했다면 분명히 나을 수 있는 상태였는데, 진작 병원에 갔으면 어땠을까 싶어 마음이 참 아팠습니다. 실제로 노인분들이나 외국인, 불법체류자들도 폐렴에 걸리고도 제때 병원에 가지 못해 치료의 적기를 놓치는 일이 꽤 있습니다.

흡연자에게는 필연적으로 찾아온다

우리에게 익숙한 독감과 같은 질병도 물론 폐와 깊은 연관이 있지만, 폐를 이야기하는 데 담배를 빼놓을 수는 없습니다. 한편으로는 담배를 오래 피워도 누군가는 건강하게 잘만 살더라고 말하는 분들도 계실 겁니다. 하지만 실상은 툭 밀면 바로 떨어져버리는 위태로운 외나무다리를 걷고 있는 상태라고 봐야 합니다.

폐렴은 누구에게나 찾아올 수 있지만, 특히 주된 위험군은 만성폐쇄성폐질환Chronic Obstructive Pulmonary Disorder, COPD을 앓는 분들입니다. 만성폐쇄성폐질환은 만성기관지염이나 기관지확장증 등을 포함하는 질환군으로, 해로운 입자를 흡입하여 폐 기능이 저하되는 질환입니다. 코를 통해 공기를 들이마시면 기도, 기관지, 폐에 있는 폐포로 넘어가며 가스교환이 일어나야 하는데, 오래된 염증이 있을 경우 폐의 구조적 변화가 일어나게 됩니다.

해로운 입자의 가장 흔한 예는 물론 담배입니다. 흡연을 한다고 해서 모든 사람이 폐암에 걸리지는 않지만, 30년 이상 흡연을 한 분들의 상당수가 만성폐쇄성폐질환에 걸립니다. 본인은 잘 모를 수도 있지만 이미 걸려 있을 겁니다. 그래서 흡연을 오래 한 분들은 평지를 걸으면서도 가쁜 숨을 몰아쉬는 경우가 있고, 특히 운동을 할 때는 더욱 불편함을 느낍니다. 평상시의 쌕쌕거리는 호흡, 기침, 가래도 대표적인 증상이며 종종 흉부가 조여온다는 증상을 호소하기도 합니다.

부검을 해보면 건강한 폐는 분홍색을 띠지만, 담배를 오랫동안 피운 분들의 폐는 검은 줄이 죽죽 그어진 것처럼 보입니다. 폐 속의 대식세포들이 유해 물질을 잡아먹고 남은 잔여물인 카본 피그먼트(색소)들이 그대로 머물러 있기 때문입니다.

꼭 담배를 피우지 않아도 유해 물질에 지속적으로 노출되는 직업군에 종사하는 분들, 대기오염이 심한 지역에 오래 거주한 분들, 호흡기감염이 잦은 분들의 폐에서도 어느 정도 색소침착이 나타납니다. 실제로 도시에서 생활한 분들은 공기가 좋지 않아 필연적으로 폐가 조금 거무스름하게 변한 걸 볼 수 있죠.

하지만 담배를 피운 분들에게서는 그와 비교되지 않을 만큼 시꺼먼 폐를 확인할 수 있습니다. 유해 물질을 꾸준히, 끊임없이 흡입해온 셈이니까요. 당장은 만성폐쇄성폐질환을 걱정할 만한 별다른 증상이 없을 수 있지만 한번 흡연으로 나빠진 폐는 다시 좋아지지 않습니다. 심각하게 망가지는 상태까지 진행되기 전에 빨리 멈출수록 좋다는 사실은 굳이 말할 필요도 없죠. 그래서 금연은 만성폐쇄성폐질환의 악화를 방지하기 위한 단 하나의 처방이기도 합니다.

골절이 왜 폐렴으로 이어질까

폐렴으로 인한 사망률이 높은 이유 중 하나는 노인에게도 흔히 찾아오는 질병이기 때문입니다. 우리가 자연사라고 생각한 노인들의 죽음이 알고 보면 폐렴이 원인이었던 경우도 많습니다.

특히나 고관절 골절이나 낙상 사고 등으로 거동을 하지 못하고 병원에 오래 입원해 있는 노인들은 폐렴에 매우 쉽게 걸립니다. 언뜻 관계없어 보이는 골절과 폐렴이 어떻게 이어질까요? 여기서 핵심은 '오래 누워 있기 때문'입니다. 침대에만 오래 누워 있으면 욕창이나 요로감염에도 주의해야 하지만, 그보다 훨씬 많이 발생하는 합병증이 바로 폐렴입니다.

입안의 목젖 안쪽에는 '입인두'라는 부위가 있습니다. 음식이나 침을 삼킬 때 식도로 넘어가는 통로 역할을 하는 곳입니다. 젊을 때는 누워 있어도 음식이나 침이 입인두에서 자연스럽게 식도로 넘어갑니다. 하지만 나이가 들면 삼키는 힘인 '연하swallowing' 능력이 떨어지면서 음식이나 침이 기도로 넘어갈 가능성이 커집니다. 기도는 바로 폐로 연결되기 때문에 결국 이물질이 폐 속으로 들어가게 되는 셈입니다. 연하 능력이 떨어진 노인들이 오래 누워서 생활하다 보면 기도를 통해 이물질과 세균이 폐로 유입되기 쉽고, 그것이 염증반응을 일으켜 폐렴으로 이어집니다.

통계에 따르면 65세 이상 노인이 고관절 골절로 병원에 입원한 후 1년 내에 사망할 확률은 약 20%에 달하며, 80세 이상 고령자의 경우 2개월 이내 사망률이 무려 50%에 이릅니다. 골절 자체가 사망의 직접적인 원인이 아니라, 대부분이 거동을 못하는 탓에 폐 기능이 저하되며 폐렴으로 생명을 잃습니다. 실제로 고관절 골절로 오랫동안 병원에 누워 계시다가 돌아가신 분들을 부검해보면 대부분 폐에서 폐렴의 또렷한 흔적을 발견할 수 있습니다.

그래서 노령자가 고관절 골절로 입원하면 의료진은 대개 빠른 수술을 권합니다. 물론 수술 자체가 몸에 무리가 될 수도 있지만, 가능한 한 일상생활로 복귀하여 거동이 가능해지도록 하는 것이 목표인 셈입니다.

독감, 감기와는 차원이 다르다

호흡기질환은 우리가 일상에서 가장 흔히 겪는 질병 중 하나이고, 특히 겨울철에는 감기나 독감에 걸리기 쉽습니다. 독감을 조금 심한 감기로 생각하는 경우가 있는데, 감기와 독감은 전혀 다릅니다. 건강한 성인이라면 감기에 걸려서 죽는 일은 없지만,

독감은 폐를 망가뜨리고 사망에 이르는 원인이 될 수도 있는 심각한 질병입니다.

감기와 독감은 어떤 차이가 있을까요? 감기는 코와 목의 바이러스 감염으로 발생하는 질환을 말합니다. 콧물, 목 간지러움, 재채기 등으로 시작해 코막힘, 미열, 기침, 피로감 등의 증상이 나타나는데 대부분 일주일 정도 잘 먹고 쉬거나 병원에서 치료를 받으면 호전됩니다.

감기가 약간 불량한 친구라면 독감은 정말 흉포한 악당에 가깝습니다. 애초에 원인이 되는 바이러스의 종류가 다릅니다. 감기는 리노바이러스, 아데노바이러스, 코로나바이러스 등 여러 바이러스에 의해 발생하는 반면, 독감은 인플루엔자Influenza 바이러스에 의해 생깁니다.

인플루엔자 바이러스는 A형과 B형으로 나뉘는데, 감기보다 증상이 훨씬 심하고 공기를 통해 빠르게 전염됩니다. 전염력이 강하다 보니 감염자 한 명만 있어도 주변 사람들에게 금방 퍼질 수 있겠죠. 제1차 세계대전 당시에 전쟁보다 더 많은 희생자를 일으킨 게 바로 스페인독감이었을 정도입니다.

독감은 별다른 전조 증상이 없이 급격하게 발병합니다. 대표적인 증상은 고열, 오한, 심한 근육통, 관절통, 극심한 피로감, 두통, 메스꺼움 등이고 구토와 설사를 동반하기도 합니다. 온몸이 두드려 맞은 것처럼 아프고 전신의 면역력이 크게 악화되는데, 이때 생길 수 있는 위험한 합병증이 바로 폐렴입니다. 즉 독감 자체가 사망의 원인이 되기보다는 폐렴을 유발하여 최종적으로 사망에 이를 수 있다는 것입니다.

독감이 초래할 수 있는 또 다른 문제는 사이토카인 폭풍입니다. 사이토카인은 우리 몸에 바이러스가 침입했을 때 면역세포들이 면역반응을 일으키며 분비하는 물질을 말합니다. 그런데 이 반응이 과도하게 폭주하면 오히려 몸의 체계가 망가지며 사망을 유발할 수 있습니다. 실제로 코로나19가 세계를 덮치면서 젊고 건강한 사람들이 목숨을 잃기도 했는데요, 그게 사이토카인 폭풍 때문입니다. 젊을수록 면역력이 강한데, 오히려 면역체계가 과도하게 반응하여 문제가 된 것입니다.

그 외에도 원래 몸이 약한 분들이나 고혈압, 당뇨병, 고지혈증 등을 앓는 만성질환자라면 독감으로 인해 기존 질병이 악화되기도 합니다. 드물지만 인플루엔자 바이러스가 심근염이나 뇌염을 일으키는 경우도 있습니다. 그러니 독감이 의심된다면 무조건 병원에 가는 게 우선입니다. 다행히 독감은 항바이러스제로 치료가 가능하며, 또 예방할 수 있는 백신도 있습니다. 65세 이상 고령자는 물론이고 건강한 사람도 매년 백신을 맞는 것이 좋습니다. 독감에 대항하는 우리의 무기는 백신과 빠른 대처, 무엇보다 독감을 가벼운 감기와 구분하는 경각심을 갖는 겁니다.

결핵, 여전히 한국을 위협하는 병

폐는 하루에도 수천 번씩 외부 공기와 직접 맞닿는 통로입니다. 아무래도 공기 중에 떠다니는 병원체에 감염되기 쉬운 조건에 놓여 있죠. 그래서 폐에 발생하는 또 다른 질병으로 결핵이 있습니다. 결핵은 결핵균이 폐를 침범하는 감염성 질환을 말하는데, 감염자의 기침, 재채기, 말할 때 나오는 미세한 침방울이 공기 중에 떠다니다가 다른 사람에게 전파되며 발생합니다. 척추나 뇌에도 결핵이 발생할 수 있지만 폐에 생기는 경우가 많습니다.

결핵은 근대소설 속에서 주로 시대의 위생과 빈곤을 보여주는 대표적 질병으로 등장하기도 합니다. 가난한 시절에 겪었던 과거의 질병이라는 이미지가 있다 보니 막연히 요즘은 결핵에서 자유롭다고 생각하는 분이 많을 겁니다.

그런데 우리나라가 OECD 회원국 중 결핵 발생률 1위라는 충격적인 사실을 아시나요? 2023년 통계를 보면 결핵 환자 수가 19,540명에 달합니다. 인구 10만 명당 38.2명 정도이니 굉장히 높은 수치입니다. 특히 65세 이상의 고령층에서 결핵 환자 비율이 증가하는 추세이며 최근에는 젊은 층, 특히 무리한 다이어트를 하는 여성들 사이에서도 결핵 비율이 늘어나고 있습니다.

대체 왜 한국에서 결핵이 유독 많은 걸까요? 과거에는 한국에 결핵이 매우 흔했던 시절이 있었습니다. 한국전쟁 이후 열악한 위생 환경이나 보건 인프라 속에서 퍼진 결핵이 아직까지 명맥을 이어오고 있다고 여겨집니다. 노령자에게 잠복 형태로 남아 있다가 면역력이 떨어지며 활성화되기도 하고요.

또한 우리나라가 발전하면서 결핵이라는 병에 대해 방심한 것도 그 이유입니다. 결핵을 경미하게 생각하거나, 결핵의 가능성조차 고려하지 않는 탓에 병원에 가지 않고 참다가 병을 키우는 사례가 적지 않습니다.

그러나 결핵은 결코 우습게 볼 병이 아닙니다. 사망률이 7~8%나 될 만큼 제때에 치료하지 않으면 위중해지는 병입니다. 이로 인해 사망한 분들의 폐에서 결핵의 흔적을 확인하게 되는 일이 실제로 제법 잦습니다. 결핵에 걸린 폐를 열어보면 안쪽이 누런 치즈가 흐물흐물 녹은 것처럼 보이는 괴사 조직으로 가득합니다. 이는 '육아종'이라고 부르는 염증 덩어리인데, 고름이 탱탱 뭉쳤다가 시간이 지나면서 치즈 같은 병리 조직으로 변한 것입니다.

결핵은 전염성이 강해서 사망 이후에도 타인에게 전파될 수 있습니다. 특히 '속립결핵'이라고 하는 결핵은 결핵균이 혈류를 타고 온몸으로 퍼지며 좁쌀처럼 미세한 육아종들을 다수 형성합니다. 그래서 법의학자들도 이러한 결핵 환자를 부검할 때는 마스크를 비롯한 방호 장비를 철저히 착용합니다. 실제로 법의학자 중에도 부검하다가 결핵에 감염된 케이스가 있습니다.

물론 어떤 사람은 결핵균을 보유하고 있어도 평생 발병하지 않고, 어떤 사람은 바로 증상이 발현되기도 합니다. 아무래도 노인이나 무리하게 다이어트하는 젊은 여성처럼 면역력이 약한 상태라면 결핵균에 더 약할 수밖에 없습니다.

결핵의 대표적인 증상은 만성기침입니다. 멈춘 듯하다가도 간헐적으로 반복되는 기침이 3주 이상 계속되면 만성으로 봅니다. 가슴통증, 체중감소, 식욕 저하, 피로감, 밤에 땀을 흠뻑 흘리는 야간 발한 증상도 흔히 나타납니다. 독감처럼 급격하게 심한 발열이나 근육통이 오는 것은 아니지만, 겨우 참을 만한 정도로 계속 증상이 이어진다면 지체하지 않고 병원에 가야 합니다.

물론 만성기침이 모두 결핵 때문인 것은 아닙니다. 만성기침을 유발하는 질환은 백 가지도 넘을 겁니다. 그래서 병원에서는 우선 흉부 엑스레이를 찍어 폐에 결핵성 병변이 있는지 확인하고, 가래(객담)를 가지고 PCR 검사를 진행하기도 합니다. 그 밖에도 잠복결핵을 알 수 있는 다양한 검사 방법이 있으니, 혹시 내 몸에 결핵균이 숨어 있을까 걱정된다면 병원에 가서 감염

여부를 확인하면 됩니다.

　결핵이 확인될 경우, 보통은 병원에서 네 가지의 1차 항결핵제를 처방받아 6개월가량 꾸준히 복용하면 치료됩니다. 그런데도 왜 결핵으로 사망에까지 이르는 걸까요? 약을 처방받으면 초기에는 증상이 완화되다 보니 약을 꾸준히 복용하지 않는 분이 많습니다. 결핵약은 경각심을 가지고 반드시 먹어야 하는 약입니다. 제대로 복용하지 않아 내성 결핵균이 생기면 2차, 3차 약물로 치료해야 하는데 약의 반응이 떨어질 뿐만 아니라 부작용도 꽤 있습니다. 결핵이 심해지면 나중에는 폐를 감싸는 흉막에까지 염증이 번지며 결핵성 흉막염이 생기고 폐가 딱딱하게 굳어버리기도 합니다.

　결핵을 예방하는 방법은 면역력을 유지하는 생활 습관과 위생 관리가 기본입니다. 공공장소에서는 마스크를 착용하는 것이 좋고, 특히 면역력이 떨어졌다고 느끼면 마스크는 더욱 필수입니다. 손은 물론이고 얼굴, 목 등이 공기 중에 노출되어 있으므로 항상 깨끗하게 씻어야 하며, 양치를 할 때 치실까지 사용하는 것이 좋습니다. 밀폐된 공간에서는 결핵균이 더 오랫동안 공기 중에 남아 있을 수 있으니 자주 환기를 해줘야 합니다. 만약 결핵 환자와 접촉했다면 호흡기내과나 가정의학과를 방문해 검사를 받아보는 것이 안전하겠죠. 결핵은 생각보다 무서운 병이지만 조기에 발견하고 끝까지 약을 잘 복용하면 완치도 가능합니다.

결국 폐는 결핵, 독감, 폐렴, 흡연 등 다양한 원인으로 서서히 망가지다가 결국 '숨을 쉬지 못하는 상태'에 이릅니다. 분명히 멈출 수 있고, 치료할 수 있는데 때를 놓치는 경우가 제일 안타깝습니다. 어떻게 보면 매 순간 살아 있다는 것을 확인시켜주는 폐의 소중함을 우리는 잠시 망각하고 있는지도 모릅니다. 부검대 위에서 만난 수많은 폐는 역설적으로 우리가 폐를 어떻게 지켜야 하는지 이야기해줍니다.

사망자가 남겨놓은 결정적 단서

VOL. 5

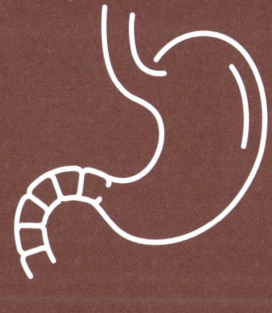

위

REPORT OF INVESTIGATION BY MEDICAL EXAMINER

CASE NUMBER 05   PARTS Stomach

DESCRIPTION OF BODY

SEX female   AGE 30   DATE OF BIRTH 19950622

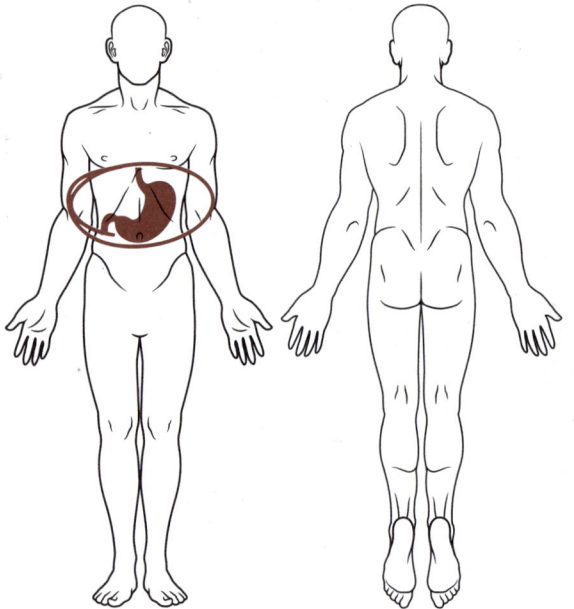

CAUSE OF DEATH

Manual Strangulation (Asphyxia)

- 코·입·기도 포말과 위·십이지장 내 익수 소견 없음

- 사망 원인은 목 압박에 의한 액사

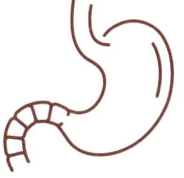

☑ CASE 1

1990년대 중반, 9시가 되지 않은 아침에 서울 북부 지역의 한 아파트에서 흰 연기가 발생했다. 10여 분 만에 화재가 난 것을 목격한 아파트 경비원은 즉시 119에 신고했고, 소방관들이 도착하여 화재를 진화했다. 화재가 시작된 곳은 안방의 장롱에서였다. 소방관들은 집 내부를 살펴보던 중 성인 여성과 그의 딸로 추정되는 2세 여자아이가 화장실 욕조 안에서 숨져 있는 것을 발견했다. 두 사람에게서는 끈으로 목이 졸린 흔적이 발견됐으며, 욕조의 물속에 잠겨 있었다. 명백한 타살이며, 화재는 증거를 숨기려는 방화임이 틀림없었다.

용의자로 남편이 지목됐다. 남편은 의사였다. 남편은 자기가 아침 7시에 집을 나설 때까지만 하더라도 아내와 딸이 살아 있었다고 증언했다. 남편이 병원에 도착한 시각인 오전 8시의 알리바이는 다른 사람들에 의해 확인됐다. 당시 사망자들은 물속에 잠겨 있던 상태였고, 발견 당시에 욕조 안의 수온이 측정되지 않아 체온과 시강(사후강직) 및 시반(시체에 생기는 붉은 반점)으로 사망 시각을 결정하는 일은 불가능해졌다. 결국 소화능력을 근거로 사망 시각을 추정하기 위해 위 내용물을 집중적으로 분석했다.

사망한 여성의 위에서는 일부만 소화되어 밥알의 흔적이 보이는 한 공기 정도의 흰밥과 함께 사망 전날 저녁에 먹은 미역국의 미역이 그대로 남아 있었다. 남편은 아침에 콩나물국을 먹었다고 했지만 여성의 위에서 콩나물은 발견되지 않았다. 이를 근거로 필자의 스승과 박종철 고문치사 사건의 시신을 부검했던 고려대학교 교수는 여성의 사망 시각이 사망 전일 자정경에서 사망 당일 새벽일 가능성을 제시했다.

그러나 남편의 변호인 측에서 섭외한 스위스의 저명한 법의학자 토마스 크롬페허Thomas Krompecher의 주장은 달랐다. 사람에 따라 소화의 정도는 다양하기 때문에 위 내용물이 소화됐는지 여부는 부검에서 맨눈으로 확인해서는 정확하지 않으며, 일부 사망 후에도 소화가 진행될 가능성이 있어 위 내용물을 가지고 사망 시각을 추정하는 것은 옳지 못하다는 항변이었다.

법원은 1심 사형, 항소심 무죄를 선고했고, 대법원이 유죄 취지로 파기환송을 한 뒤 고심 끝에 최종 항소심에서 무죄로 판정했다. 물론 다른 수많은 쟁점이 얽히고설켜 있지만 위 내용물의 법의학적 증거 여부가 부정된 사례였다.

그러나 이후 서울의 서남부 지역에서 여성과 아들이 주거지에서 칼로 참혹하게 살해된 사건에서는 조금은 다른 판결이 확정됐다. 당시에도 용의자는 남편이었다. 남편이 방문한 시각에 살해가 있었는지를 알기 위해서는 사망 시각을 특정해야 되는데 이번에도 위 내용물을 통한 감정이 불가피했다. 여성과 4세 아들의 위 내부에서는 양파, 채소, 견과류, 토마토가 발견됐는데 둘 다 사망하기 전에 친언니가 건네준 음식의 내용물과 일치했다.

일반적으로 사람은 음식물을 삼킨 후 10분 후부터 위장 운동이 시작되며 가벼운 식사는 2시간 이내, 중등도 양의 식사는 3~4시간, 과식할 경우에는 4~6시간 이후 gastric emptying time에 위가 비게 된다. 당시 변호인과 검사의 질문에 이러한 내용을 답변했는데, 다만 이번에는 앞의 사건과 다른 점이 있었다. 두 사람의 위 내용물에서 소화 정도가 같게 나타난 것이다. 즉 사망한 두 사람의 위 내용물 모두에서 소화되지 않은 고형물, 즉 토마토로 추정되는 내용물이 확인됐다. 이를 근거로 하면 식사 후 4시간 이내에 사망했다고 보는 것이 합리적이었다. 물론 다른 쟁점들을 고려하여 2심 유죄를 거쳤고 최종 대법원에서 유죄가 확정됐다.

──────────────── ☑ **CASE 2** ────────────────

그녀는 강물 속에서 발견됐다. 부패되지 않은 수중 시체는 사실 흔하지 않다. 다만 익사에서 흔히 관찰되는 코와 입 주변에 뿜어져 나오는 버섯 모양의 포말이 없다는 것이 익사체와는 다른 점이었다.

익사에서는 코와 입 주변에 뿜어져 나오는 포말, 폐에서 보이는 익사폐 소견과 함께 위와 십이지장 내에 물이 가득 차 있다는 소견이 살아 있을 때 물을 흡입했다는 근거가 된다. 흔히 플랑크톤이라고 부르는 규조류가 나오면 익사라고 생각한다. 그러나 사실 보조적인 검사로서 간과 심장 등에서 플랑크톤이 나오면 의미가 있지만, 폐에서 플랑크톤이 나온다고 익사를 확정 지을 수는 없다.

그녀는 특이하게 코와 입 주변뿐만 아니라 기도 내에서도 포말이 보이지 않았고, 폐에 약간의 물이 찼지만 익사폐라고 부를 정도의 기준이 안 되었다. 더욱이 위 내부에는 우거지국밥으로 추정되는 소화되지 않은 음식물과 소량의 액체가 있을 뿐 익사할 때 물을 먹으며 들어가는 '익수'의 흔적은 없었다. 목과 턱의 근육을 자세히 살펴본 결과, 그녀의 목근육에는 강한 압박에 의한 출혈과 함께 목뿔뼈라고 부르는 혀를 잡아주는 뼈의 일부가 골절되어 있었고, 턱의 아래쪽에 손가락 끝으로 누른 듯한 흔적이 발견됐다. 경찰도 목과 턱의 피부색이 이상한 것을 인지하고 부검을 의뢰한 듯했다.

그녀의 사인은 명확해졌다. 거의 모든 익사에서처럼 위와 십이지장까지 익수가 차지 않았으므로 목을 압박하는 손상, 즉 액사에 의한 타살이었다. 수사기관에서는 즉각적으로 그녀와 관계있던 용의자를 확보하고 유죄 증거를 찾아내어 법의 심판대에 세웠다.

※ ※ ※

사건사고가 발생했을 때 부검을 의뢰하는 경우는 일반적으로 사망의 정황이 불분명하거나 그 원인이 모호한 때가 많습니다. 이때 법의학자는 사망자의 위를 열어서 기본적으로 음식물이 남아 있는지, 어떤 음식을 먹었는지, 혹시 약물을 섭취하지는 않았는지 확인하게 됩니다. 필요하면 취식 검사를 의뢰하여 식물학적 분석 기법을 통해 정확히 어떤 메뉴인지까지 구체적으로 분석합니다.

앞서 살펴본 사례들처럼, 이렇게 들여다본 위는 때때로 사망의 진실을 추적하는 중요한 단서가 됩니다. 죽은 사람은 말이 없지만, 죽은 사람의 위는 많은 이야기를 품고 있습니다. 그래서 법의학자에게 위는 사망의 정황을 짐작하게 해주는 대표적 장기이기도 합니다.

사망자의 위가 말해주는 것

법의학자가 사망한 사람의 위를 부검하면 사망 시각, 사망의 행적, 약물 복용 여부 등에 대해 알 수 있습니다. 이때 위에 남아 있는 내용물뿐만 아니라 위점막도 함께 살펴봅니다.

점막에서 가장 흔하게 발견하는 모습은 정맥류입니다. 술을 많이 마신 분들은 간이 딱딱해지는 간경변이 진행되는데, 그러면 간으로 가야 하는 혈액이 제대로 들어가지 못하고 방향을 틀어 위나 식도의 정맥으로 몰리게 됩니다. 그래서 부검했을 때

간이 딱딱한 상태라면 위점막에 혈관이 튀어나오거나 정맥류가 터지면서 출혈이 발생하지 않았는지를 함께 확인합니다.

간의 상태는 괜찮은데 출혈이 심하다면 위점막에 궤양이 있는 경우가 많습니다. 사람의 위점막은 두께가 약 0.5~0.6cm 정도로 매우 얇습니다. 그 얇은 점막이 움푹 파이면 아래에 있는 혈관에서 피가 나며 위출혈이 생기는데, 자칫 대량 출혈이 빠르게 일어나면 이 역시 사망의 원인이 될 수 있습니다.

그 외에 사고가 발생했을 때도 위를 확인합니다. 이를테면 부검을 거쳐 익사의 정황을 확인할 수 있습니다. 살아 있는 상태에서 물에 빠지면 코와 입을 통해 폐, 그리고 위를 넘어 십이지장까지 물이 차게 됩니다. 그런데 앞의 케이스는 시신이 물속에서 발견되어 부검했는데 폐와 위에서 물이 거의 발견되지 않았고 목에 선명한 교살 흔적이 남아 있었던 것입니다. 이는 익사가 아니라 이미 살해당한 상태에서 물에 빠졌다는 뜻입니다.

저체온사나 동사에서도 부검할 때 위를 중요하게 봅니다. 이때는 위점막에 표범 무늬처럼 얼룩덜룩한 출혈이 나타나기 때문입니다. 이처럼 회백색의 위에 붉은 출혈로 무늬가 생기는 것을 비슈네프스키 사인Wischnewski Spots, 출혈성 반점이라고 합니다. 이러한 모습이 발견되면 동사했을 가능성을 높게 짐작할 수 있습니다.

음식물이나 질병뿐만 아니라 사고 정황까지도 위를 들여다보고 파악한다는 건 다소 의외의 사실이죠? 이처럼 위는 살아 있을 때는 주로 먹는 즐거움을 안겨주는 장기이지만, 사망 후에는 침묵 속에서 단서를 찾기 위한 중요한 실마리가 되어주는 장기입니다.

위 내용물이 결정한 사형선고

부검 시 위에서 나온 내용물은 사건의 진실에 접근하는 힌트를 제공해줍니다. 하지만 소화 정도에 여러 변수가 있기 때문에 그 해석을 얼마나 신뢰할 수 있느냐에 대해서는 법의학계에서도 많은 고민과 논란이 있었습니다. 그중에서도 1945년에 유명한 오판 사건들 중 하나가 발생했습니다. 법의학에서는 아픈 손가락 같은 사건입니다.

당시 캐나다에서 15세 소년이었던 스티븐 머레이 트러스콧 Stephen Murray Truscott은 같은 학교에 다니던 린 하퍼라는 동급생을 자전거에 태워주었습니다. 그런데 다음 날, 하퍼는 자전거로 내려준 곳 근처에서 성폭행을 당하고 살해된 채로 발견됐습니다. 이에 마지막 목격자인 트러스콧이 유력한 용의자로 지목됐고요.

수사가 진행되는 동안에 단서로 제기된 것 중 하나는 위 내용물이었습니다. 위 내용물은 사망 시각을 결정할 때 참고되는 자료 중 하나입니다. 일반적으로 사람이 음식물을 삼키면 10분 후부터 소화가 시작됩니다. 이후엔 앞서 언급한 대로, 음식의 성질에 따라 2~6시간 정도 걸려서 완전히 소화가 이루어집니다.

하퍼가 먹은 음식은 새우와 약간의 면 종류로 알려졌는데, 부검했을 때는 절반 정도만 소화된 채였습니다. 즉 사망 시점은 식사 후 약 2~3시간 이내로 추정됐죠. 트러스콧은 린 하퍼를 저녁 8시쯤 만나 9시에 헤어졌다고 진술했고, 식사를 한 시점은 그보다 1시간 전이었습니다. 하퍼가 7시쯤 식사를 했다면 트러스콧과 헤어진 시점에 살해당했다는 추측이 가능해집니다.

결국 법원에서는 위 내용물을 통한 사망 추정 시점을 근거로 트러스콧에게 사형선고를 내렸습니다. 평소에 다소 불량기가 있는 학생이었기에 유죄라는 추측에 무게가 실렸던 것으로 보입니다. 그러나 결정적인 물증은 없었으며, 수감 생활을 하는 중에도 트러스콧은 일관되게 무죄를 주장했습니다.

시간이 흐른 뒤에 캐나다에서 과거 사건을 재검토하는 제도를 통해 이 사건이 다시 조명됐습니다. 이때 4명의 법의학자가 당시 부검에 허점이 많다고 지적했고, 결국 결정적인 증거가 없다는 이유로 트러스콧은 2007년에 최종적으로 무죄를 선고받게 되었습니다.

트러스콧이 정말 무죄라면 10대부터 오랫동안 감옥에서 보낸 세월을 무엇으로 보상받을 수 있을까요? 가장 결정적인 근거였던 위 내용물은 사실 어느 정도의 범위를 지정할 뿐 사망 시간대를 정확하게 특정해주는 것은 아닙니다. 지금도 위 내용물은 사망 시점을 유추하는 참고 자료로 쓰이지만 그 정확도가 아주 높다고 할 수는 없습니다.

  실제 부검 사례 중에는 전날에 먹은 짜장면이 다음 날 사망 시점까지 소화되지 않고 그대로 남아 있던 경우도 있습니다. 군 복무 중에 굉장한 스트레스를 받고 고의적인 자해를 시도한 사건인데, 워낙 정신적인 압박이 심하니 소화가 전혀 이루어지지 않은 겁니다. 우리도 스트레스가 심할 때 밥이 안 넘어가고 소화가 안 되는 느낌을 받지 않습니까? 이처럼 소화 정도는 여러 변수에 의해 차이가 날 수 있기 때문에 법의학에서는 신중하게 접근할 수밖에 없는 문제입니다.

  하지만 위 내용물을 조사하여 법정에서 증언하는 게 아무 의미가 없다는 뜻은 아닙니다. 여전히 사건에 참고할 수 있는 지표 중 하나로 쓰이며, 특히 앞서 소개한 두 번째 케이스처럼 사건에 관련된 두 명 이상의 소화 정도를 비교하는 것은 보다 정확한 단서로 적용되기도 합니다. 또 2023년 이후로는 다시 위 내용물이 사망 시각 추정에 결정적인 역할을 할 수 있다는 논문도 등장하고 있습니다.

먹방을 하는 동안 위에서 일어나는 일

사망자의 위를 들여다보는 것은 죽음에 대한 단서를 제공하지만, 살아 있을 때의 위에 가장 주목하게 되는 건 아무래도 음식, 또 비만과의 연관성일 것입니다. 위는 우리가 음식물을 입에 넣었을 때 가장 먼저 도달하는 소화기관입니다. 위에서는 위액과 호르몬을 분비하여 음식을 소화하고, 위산으로 세균을 방어하며, 잘게 분해한 음식물에서 영양분을 흡수하도록 소장으로 배출하는 역할도 맡고 있습니다.

일반적으로 위의 용적은 약 50~70ml입니다. 500ml 생수의 10분의 1이 들어가는 크기입니다. 이것을 펼쳐본다면 손바닥 두 개 정도의 너비가 나옵니다. 하지만 위의 용적 변화는 상당히 유동적인 편입니다. 음식물이 들어오기 시작하면 점점 볼륨이 커지며 1~1.5L까지 늘어납니다. 물론 더 많이 먹겠다고 작정하면 3~4L까지도 먹을 수는 있습니다. 유명한 먹방 유튜버들을 보면 상상할 수 없는 양을 먹기도 하죠. 위의 신축성은 그만큼 엄청납니다.

보통 먹는 양이 늘면 위가 같이 늘어난다고 표현하는데, 실제로 많은 양을 꾸준히 먹으면 위의 용적이 늘어납니다. 또 소식하는 식습관이 오래되면 용적이 줄어들어 생각보다 배가 고프지 않습니다. 이러한 변화는 위에서 분비하는 호르몬의 영향입니다.

식욕은 위가 아니라 뇌에서 보내는 신호입니다. 위가 비어 있으면 그렐린^{Ghrelin}이라는 호르몬이 분비되어 뇌의 시상하부를 자극합니다. 빨리 식욕을 느끼게 해서 음식을 먹게 하라고 신호를 보내는 것이죠. 그렐린은 위운동을 촉진하여 배고플 때 허겁지겁 음식을 빨리 먹게 만드는 호르몬이기도 합니다. 반대로 위에 음식물이 가득 차면 이번에는 렙틴^{Leptin}이라는 호르몬이 지방세포에서 분비됩니다. 렙틴은 포만감을 느끼게 하고, 이제 그만 먹어도 된다는 신호를 뇌에 보냅니다.

먹는 양이 많아지면 위의 용적이 커지고, 위의 용적이 커지면 그만큼 더 많은 음식을 먹어야 렙틴이 분비됩니다. 다이어트를 하려고 해도 위가 꽉 차지 않은 상태에서는 계속 그렐린이 분비되니 식욕이 사라지지 않는 것입니다. 위를 꽉 채우기 위해서는 또 이전보다 많은 음식을 먹어야 합니다. 문제는 이런 악순환 속에서 살이 찌고 비만에 이르게 된다는 점입니다.

지방세포는 잘 아시다시피 배나 옆구리 쪽에 많이 생깁니다. 그런데 지방세포가 지나치게 많아지면 렙틴이 제 역할을 하지 못하는 '렙틴 저항성'이 생깁니다. 먹어도 먹어도 포만감이 들지 않는 것입니다. 이때는 궁극적으로 식단에 탄수화물, 단백질, 지방의 균형을 맞추면서도 먹는 양을 95%, 90%, 85%…… 식으로 줄여 나가는 것이 좋습니다. 그래야 점차 적은 양으로도 '배부르다'는 생각이 들게 되고, 그렐린과 렙틴의 작용을 정상적으로 유지하여 비만이 되는 것을 예방할 수 있습니다.

또 단기간에 빠르게 살을 뺐다가 다시 찌우는 패턴을 자주 반복하는 것도 좋지 않습니다. 물론 직업적으로 어쩔 수 없이 체형을 바꿔야 하는 분들도 있습니다. 하지만 일반인 중에서도 다이어트의 성공과 실패를 거듭하며 이렇게 위의 용적을 늘렸다 줄였다를 반복하는 분이 많아졌습니다. 그런데 이는 위의 기능에 크게 두 가지 문제를 일으킬 수 있습니다.

첫째는 위의 운동기능이 저하됩니다. 연쇄적으로 장도 안 좋아지면서 위와 장에 폐색이 생기고, 그로 인해 음식물이 멈춰 있으니 위가 부풀어 오르게 됩니다. 보통은 나이가 들면서 누워만 있고 움직임이 줄면 위장도 운동을 하지 않으면서 기능 저하가 일어나는데, 위의 용적률이 늘었다 줄었다를 반복해도 이런 현상이 생깁니다. 둘째로는 위산 분비가 불규칙해집니다. 음식을 먹으면 위산이 분비되어 단백질을 분해하고, 무엇보다 외부에서 들어오는 세균도 막아줘야 합니다. 그런데 우리 몸의 1차

방어선 역할을 하는 위산이 분비되지 않으면 세균 감염에 취약해지고 심각한 감염으로 이어질 수 있습니다.

무리한 다이어트로 요요가 반복되면 이처럼 건강 문제를 유발하게 됩니다. 간혹 인위적으로 위의 용적을 줄이기 위해 위의 일부를 절제하는 수술을 하기도 하는데, 꼭 필요한 의학적 처치가 아니라면 매우 신중하게 접근해야 합니다.

폭식으로 죽을 수도 있다

평소에는 먹고 싶은 것을 꾹 참다가 '치트 데이$^{cheat\ day}$'를 핑계로 갑작스러운 폭식을 하게 될 때가 있죠. 또 무심코 폭식을 하고는 후회되는 마음에 구토를 하는 위험한 행동을 하는 분들도 있습니다. 이런 경우에 단순히 위의 용적이 늘어나고 살이 찌는 문제로 끝나지 않습니다.

이전에 한 인플루언서가 갑작스럽게 사망하여 부검을 받게 된 케이스가 있었습니다. 인플루언서로 활동하며 외모나 다이어트에 대한 강박이 심했던 것 같습니다. 그러다 어느 날 한 번 폭식을 했는데 과도하게 먹은 음식이 위에서 식도로 역류하다가 사고가 발생했습니다. 보통은 기도가 닫히면서 다시 식도로 음식물이 내려가야 하는데, 위에서 음식물이 역류하다가 기도를 막아 질식하게 된 것입니다.

　이와 마찬가지로, 폭식 후에 일부러 구토를 해서 섭취한 음식물을 제거하려는 것도 질식사할 위험을 높이는 매우 위험천만한 행동입니다. 미국의 유명한 남매 듀오 '카펜터스'의 여동생 카렌 카펜터 역시 폭식과 구토를 반복하다가 심정지로 세상을 떠난 사례로 알려져 있습니다.

　이처럼 과식과 폭식, 무리한 다이어트나 반복되는 요요는 위의 기능을 저하시키며 때로는 생명을 위협하는 사고로 이어집니다. 아마 대부분 자신에게 적절한 식사량과 체중이 어느 정도인지 가늠하고 있을 겁니다. 마치 운동할 때 PT를 받는 것처럼 자신에게 적절한 위의 용적을 스스로 관리해 나가는 것이 가장 건강한 방법입니다.

　특히 나이가 들수록 위의 운동성이 점차 떨어지기 때문에 맛있는 음식을 부담 없이 즐길 수 있는 시간은 생각보다 짧을지도 모릅니다. 어쩌면 먹고 싶은 것을 맛있게 즐기는 것도 젊을 때 누릴 수 있는 특권인 셈입니다. 위는 우리 삶의 질과 큰 관련이 있는 장기인 만큼 먹는 즐거움을 최대한 오래 누리려면 좋은 식습관과 적절한 식사량에 스스로 관심을 기울여야 합니다.

소화관이 보내는
위험 신호

VOL.6

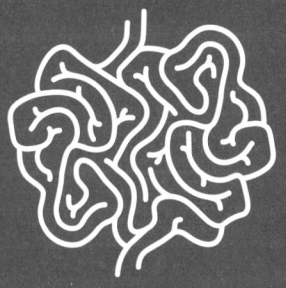

소장

REPORT OF INVESTIGATION BY MEDICAL EXAMINER

CASE NUMBER 06   PARTS Small Intestine

DESCRIPTION OF BODY

SEX male   AGE 78   DATE OF BIRTH 19471208

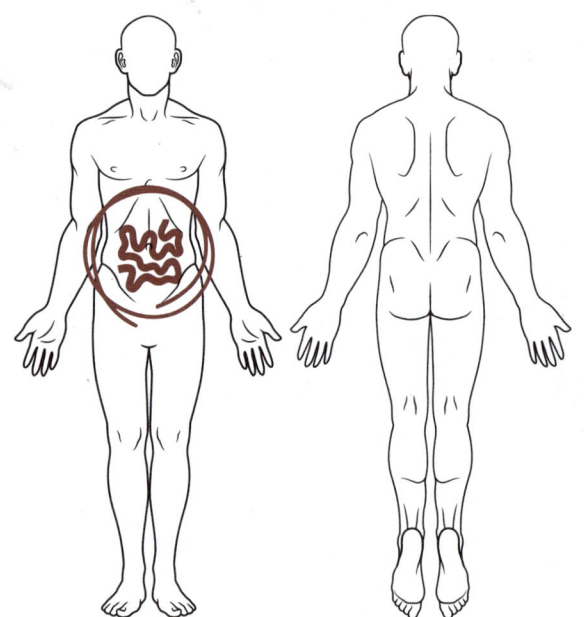

CAUSE OF DEATH

Small Bowel Obstruction

- 수술로 좁아진 십이지장 상태에서 음식물로 인한 소장 폐색 발생

- 사망 원인은 소장 폐색

영화 〈라이터를 켜라〉는 철없는 백수 청년이 자신의 빨간 라이터를 훔쳐 간 조폭 두목을 쫓으며 겪게 되는 에피소드를 담은 코미디입니다. 조폭 두목의 오른팔 역을 맡은 배우 이문식 씨의 찰진 욕이 화제가 되기도 했는데요. 그중에는 "창자를 쭉 뽑아서 줄넘기를 해주랴?"라는 아주 살벌한 대사가 나오죠.

우리말에서는 흔히 창자라고 하지만, 의학적으로는 '소장'과 '대장'으로 나누어 부르는데요. 실제로 사람의 소장은 6~7m나 됩니다. 우리 몸에서 가장 긴 장기이니 왜 줄넘기를 하겠다고 협박하는지는 알만 하죠. 대체 우리 몸에 이렇게까지 긴 장기가 필요한 이유가 무엇일까요? 그 역할과 중요성을 살펴보면, 소장을 지키기 위해 지금이라도 현관문을 열고 나가 진짜 줄넘기라도 하고 올 결심이 설지도 모릅니다.

뱃속에서 일어나는 대규모 협업

소장은 우리의 배 한가운데에 자리 잡고 있습니다. 오른쪽 갈비뼈 아래에 간이 있습니다. 그 아래에 위가 있으며, 위 아래에는 대장이 가로지르고 있는데 그 아래쪽을 구불구불 메우는 장기가 바로 소장입니다. 쉽게 말하면 평소 배가 아프다고 느낄 때 손으로 어루만지게 되는 위치입니다. '애가 탄다'거나 '애간장이 녹는다'는 우리말에서 '애'도 바로 소장을 의미합니다. 배가 아파올 때의 고통에 심리적인 초조함, 불편감을 빗댄 표현이겠죠.

소장은 우리 몸의 소화 기능을 담당하는 장기입니다. 우리가 음식을 먹으면 위에서 일차적으로 위산과 함께 분해한 뒤 소장으로 넘어갑니다. 소장에서는 이 음식물을 소화액과 오물조물 혼합하는 '분절운동'과 조금씩 앞으로 밀어내는 '연동운동'을 통해 소화를 진행하게 되죠. 이 과정에서 췌장에서 나오는 소화효소와 간에서 분비되는 담즙도 함께 탄수화물, 지방, 단백질을 잘게 분해합니다.

그렇게 분해된 영양소들은 소장의 벽을 통해 혈관으로 흡수되어 간으로 이동합니다. 간에서는 각각의 영양소를 저장하고 처리하여 혈관을 통해 심장으로 보내고, 심장은 그걸 받아 온몸으로 퍼트려줍니다. 우리가 먹은 한 끼 식사를 에너지로 바꾸기 위해 굉장한 협업 프로젝트가 진행되는 셈입니다.

　소장의 길이가 무려 6~7m에 달한다고 했죠? 소장이 성인 남성 키의 세 배가 넘을 정도로 긴 이유는 1m 정도의 짧은 길이로는 이렇게 음식물을 잘게 부수어 소화하고 각종 영양소를 흡수하는 과정을 다 해낼 수 없기 때문입니다. 소장에서는 탄수화물, 단백질, 지방뿐만 아니라 우리 몸의 70% 이상을 차지하는 물, 그리고 비타민도 흡수합니다. 비타민 중에서는 A, D, E, K가 주로 소장에서 흡수됩니다. 비타민 C는 수용성이라 소장에서도 흡수되지만 일부는 대장에서 재흡수될 가능성도 있습니다.

　음식물의 소화와 흡수 외에도 소장의 특이한 역할 중 하나는 바로 호르몬을 분비하는 것입니다. 대표적으로는 담낭에서 담즙을 분비하도록 지시하는 호르몬, 또 췌장을 자극해 소화효소를 적절히 내보내도록 유도하는 호르몬 등이 있습니다. 자기 역할을 하는 동시에 여러 장기가 각자의 역할을 잘해내도록 전체적인 시스템도 조율하는 셈이죠.

　또 소장은 면역기능도 수행합니다. 음식물과 함께 세균이나 바이러스가 들어왔을 때 일차적으로는 위에서 강한 위산을 분비해 제거하지만, 그중 일부는 살아남아 소장까지 내려오기도 합니다. 다행히도 소장의 내부에는 이 침입자들을 감시하고 방어하는 면역세포들이 모여서 대기하고 있는데요. 이 조직을 '림프조직'이라고 합니다. 전쟁터의 최전선은 아니지만 띄엄띄엄 배치된 군부대라고 할 수 있는 림프조직들은 소장까지 끈질기게 살아서 내려온 세균들을 든든하게 박멸합니다.

소장의 가장 흔한 질병, 크론병

만약 우리 몸에 소장이 없다면 어떻게 될까요? 다소 반가운 이야기일 수도 있는데, 일단 살이 전혀 안 찔 겁니다. 음식물을 소화하며 영양분이나 비타민 등을 흡수할 수가 없으니까요. 대신에 생존 자체가 불가능해지겠죠. 아무리 좋은 음식을 먹어도 그걸 받아들일 수 없는 상태가 되는 것입니다. 실제로 선천적으로 소장이 짧은 사람들은 그만큼 영양분을 흡수할 기회가 줄어들어 영양결핍이나 면역기능 저하 등의 어려움을 겪기도 합니다.

선천적인 문제 외에도, 소장 역시 질병으로부터 자유로울 수 없습니다. 소장에서 가장 흔한 질병 중 하나는 '크론병'입니다. 크론병은 입에서부터 항문까지 연결되는 소화기관 전체에 염증을 일으키는 장염입니다. 염증이 반복되면 흡수능력이 떨어지고 소화가 안 되어 복통, 설사, 피로감 등의 증상이 이어지게 됩니다. 일종의 자가면역질환이라 면역 치료제를 쓰기도 하지만 염증이 너무 심하면 소장의 일부를 절제해야 할 수도 있습니다. 실제로 크론병 환자의 장을 들여다보면 장벽 전체에 염증 세포들이 퍼져 있는 모습을 확인할 수 있죠.

소장에 발생하는 또 다른 염증성 질환으로는 셀리악병이라는 것도 있습니다. 밀, 보리, 호밀 등에 들어 있는 글루텐 성분에 몸이 과민하게 반응하여 소장에 염증이 생기는 겁니다. 최근에는 글루텐에 불편함을 느끼는 분이 많아 '글루텐 프리' 식품도 인기를 얻고 있는데요. 다만 한국이나 동아시아에서 셀리악병에 걸리는 케이스는 거의 없고, 주로 서양에서 흔하게 나타나는 질병입니다.

이처럼 어떤 이유로든 소장에 염증이 자주 발생하면 점차 조직이 손상되며 장기적으로 암이 발생할 위험도 높아집니다. 예전에는 소장암이 아주 드물었는데 최근에는 조금씩 증가하는 추세입니다.

법의학자가 가장 자주 마주하는 소장 폐색

소장은 끊임없이 분절운동과 연동운동을 반복하며 음식물을 소화하고 영양분을 흡수합니다. 그런데 그 길이 꽉 막히거나 음식물을 담은 채 움직임을 멈춰버린다면 어떻게 될까요? 생각만 해도 배가 팽창하며 아파올 것 같죠. 소장이 움직이지 않거나 길이 좁아져서 음식물이 제대로 통과하지 못하는 상태를 '소장 폐색'이라고 합니다.

법의학자는 부검을 하면서 소장 폐색으로 인한 사망 사례를 꽤 자주 보게 됩니다. 주로 과거에 복부 수술을 반복적으로 받은 분들에게 장폐색이 나타나기 쉽습니다. 우리가 손을 다치면 찢어진 부위에 새살이 나며 아무는 것처럼 배 안쪽도 마찬가지입니다. 수술로 절개한 부위에 염증이 생기고 회복 과정에서 다시 붙게 되는데 이때 뱃속을 채우고 있는 소장이 같이 붙어버리는 것입니다.

그렇게 소장이 복벽에 달라붙는 유착이 발생하면 소장은 이전처럼 활발하게 움직이지 못하고 멈춰버리게 됩니다. 유착을 떼어내는 수술을 해도 몇 년 뒤에 다시 유착이 생길 수 있고, 혹은 장이 좁아지는 협착으로 거의 유동식만 먹으며 생활해야 하는 경우도 있습니다. 아무리 명의가 나서서 수술을 잘해도 어쩔 수 없이 흔하게 발생하는 일입니다. 수술, 특히 복부 수술이 그만큼 쉬운 일이 아닙니다.

실제로 부검한 분 중에 우뭇가사리로 만든 묵을 실컷 먹는 게 소원이라던 할아버지가 있었습니다. 이전에 수술을 해서 십이지장이 좁아진 상태였는데, 좋아하는 묵을 몇 그릇 드셨다가 끝내 소장 폐색으로 돌아가셨습니다. 무심코 먹은 음식이 생각지 못하게 생명을 앗은 셈이니 정말 안타까운 사례죠. 이처럼 소장 폐색은 복통, 구역질, 구토 등의 증상을 유발할 뿐만 아니라 소장이 부풀어 오르고 폐로 역류하면서 염증을 일으켜 폐렴으로 사망을 불러올 수도 있습니다.

우리는 죽을 때까지 움직여야 할 운명

소장은 우리가 가만있을 때도 끊임없이 운동을 계속하는 부지런한 장기이지만, 우리가 걷고 뛰면서 적극적으로 신체 활동을 하면 덩달아 더 활발하게 움직입니다. 반대로 침대에 오래 누워 있는 경우, 이를테면 골절로 거동이 어려운 노인들은 소장의 운동이 느려지면서 변비나 장폐색의 위험이 올라갑니다. 신체적 운동과 소장의 운동이 긴밀하게 연결되어 있다고 보면 되는 것이죠.

소장이 제대로 움직이지 않아 소화가 안 된다는 건 어마어마하게 삶의 질을 떨어뜨리는 일입니다. 하루만 헛배가 부르고 구역질이 나도 괴로운데 만성적으로 소화가 안 되면 얼마나 고통스러울까요? 만약 소화에 불편을 느끼는 일이 잦다면 의사를 자주 만나며 조기에 치료하는 것이 아주 중요합니다.

바쁜 현대사회를 살다 보니 쉴 때는 되도록 누워만 있고 싶은 마음을 모르는 것은 아니지만, 우리 몸은 죽을 때까지 움직여야 하는 운명입니다. 누워 있기 위해 만들어진 신체가 아닙니다. 우리 신체는 꾸준한 운동과 활동을 지속하는 것이 가장 자연스럽고 건강한 상태죠. 평범한 일상을 영위할 수 있는 몸의 컨디션을 떠올려보면 잘 먹고 잘 소화하는 것만큼 감사한 일은 없습니다. 삶의 질을 지키기 위해 뱃속에서 쉴 새 없이 복잡한 과정들을 처리하고 있는 소장을 떠올린다면, 하루에 30분 정도 가볍게 달려주는 보답은 충분히 할 수 있지 않을까요?

뱃속의
마지막 검문소

VOL.7

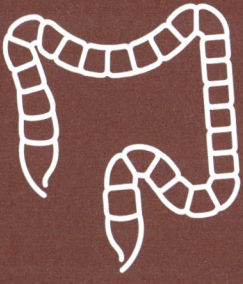

대장

REPORT OF INVESTIGATION BY MEDICAL EXAMINER

CASE NUMBER 07   PARTS Colon

DESCRIPTION OF BODY

SEX male   AGE 64   DATE OF BIRTH 1961/105

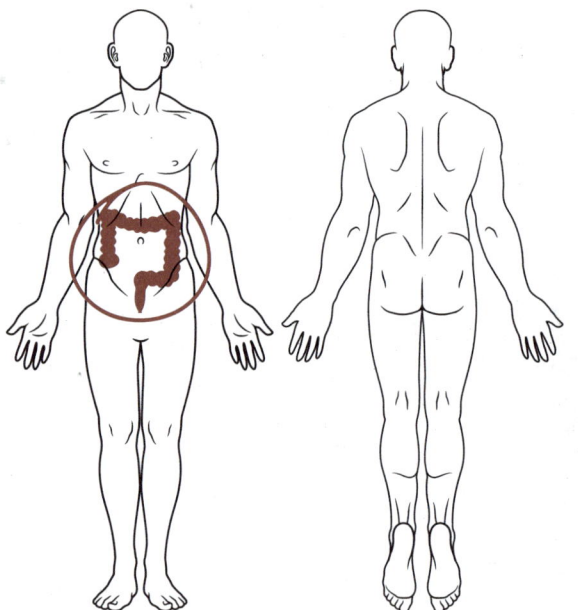

CAUSE OF DEATH

Cerebral Hemorrhage (Postoperative Complications)

- 뇌수술 후 복부 팽만과 변비, 가래 증상 지속

- 사망 원인은 뇌출혈 수술 후 합병증

대장

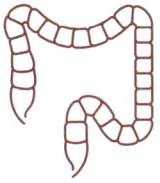

---- ✓ CASE ----

그는 정년을 2년 앞둔 국내 굴지 대학의 교수였다. 자기 분야에서 오랫동안 꾸준하게 연구와 교육 활동을 하여 제자도 많았다. 그러던 그에게 어느 날 연구실에서 급작스러운 뇌출혈이 발생했다. 다행히 조교가 빠르게 발견하여 그를 인근 대학병원으로 이송했고 수술에 들어갔다. 수술은 매우 잘됐으나 문제는 뇌수술 후 배에 가스가 차는 증상이 계속된다는 점이었다. 의사는 운동을 추천하며 꾸준히 움직이기를 권장했으나 그는 그 증상 때문에 움직이기 어렵다고 호소했다. 뇌수술 후 1년이 지난 어느 날, 그는 심한 복부 팽만감으로 병원 응급실에 이송됐다가 치료를 받고 좋아진 듯하여 퇴원했다. 그러나 다음 날부터 심한 변비를 비롯하여 가래가 끓어오르는 증상으로 고통을 호소하다가 잠들었고, 이후 사망한 상태로 발견됐다.

✳ ✳ ✳

소장이 음식물을 거의 다 흡수하고 나면 남은 찌꺼기들은 대장으로 이동합니다. 대장에서는 그 찌꺼기로 대변을 만들어 최종적으로 몸 밖으로 배출해줍니다. 대장은 '장' 하면 우리가 가장 익숙하게 떠올리는 장기일지도 모릅니다. 특히 배가 더부룩하거나 가스가 찰 때, 혹은 화장실에서 긴 시간을 보내게 될 때 가장 먼저 의심하게 되는 것도 대장이죠.

우리 몸의 찌꺼기를 처리하는 장기라고 해서 절대 그 중요성이 덜하지는 않습니다. 배변이라는 인간의 가장 원초적인 생리 활동과 밀접한 연관이 있다는 건, 우리가 별일 없는 가장 평범한 일상을 영위하기 위해 꼭 필요한 장기이기도 하다는 뜻이니까요.

입에 넣은 음식이 마지막에 도착하는 곳

사람의 대장은 약 1.5m로, 소장에 비해 훨씬 짧지만 훨씬 굵고 단단합니다. 이름 그대로 '큰 창자'라는 의미이기도 하죠. 소장의 말단(회장)과 연결된 맹장에서 시작해 상행결장→횡행결장→하행결장→S자결장→직장→항문으로 이어지는 구조를 가지고 있습니다. 우리가 아는 '맹장염'은 사실상 '충수돌기염'으로, 이 맹장의 꼬리에 붙은 지름 1cm 정도의 가느다란 돌기가 염증을 일으킨 것입니다.

대장은 소장에서 다 흡수하지 못한 수분과 전해질을 흡수하고, 남은 음식물 찌꺼기를 변으로 형성하는 일을 합니다. 하루 동안 우리가 섭취한 수분 중 일부가 소장에서 흡수되고, 그 나머지가 대장에서 흡수되는데, 이 과정이 원활하지 않으면 설사나 변비가 생깁니다. 대장은 또한 장내 미생물의 천국이기도 합니다. 소장에는 상대적으로 세균이 적은 반면, 대장은 세균 밀도가 매우 높습니다. 이들은 우리가 먹은 섬유소를 발효시켜 짧은사슬지방산 같은 유익한 물질을 만들고, 일부 비타민도 생성합니다.

이 '세균 생태계'가 개인의 건강과 기분, 심지어 성격에까지 영향을 준다는 연구가 최근 들어 많습니다. 일명 '장-뇌 축 Gut-Brain Axis'이라는 개념입니다. 대장 내 미생물들이 뇌에 영향을 주는 신경전달물질, 예컨대 세로토닌의 분비에 관여할 수 있다는 것이죠. 그래서 우울증이나 불안장애, 심지어 자폐스펙트럼장애까지 장내 미생물의 상태와 관련 있다는 연구들도 발표되고 있죠.

변비 때문에 죽을 수도 있다

우리 몸에서 중요한 역할을 하는 대장도 질병에서 자유로울 수 없습니다. 대표적인 것이 대장암입니다.

대장암은 한국인에게 흔한 암 중 하나이며 암 사망원인 3위에 해당할 정도로 위험한 암입니다. 특히 S자결장이나 직장 부위에서 많이 발생합니다. 불규칙한 식사, 섬유소 부족, 운동 부족, 음주와 흡연이 대장암의 위험 요인으로 알려져 있습니다. 그래서 검진 시 대장내시경을 통해 용종을 조기에 제거하면 대장암을 예방할 수 있습니다.

또 하나, 법의학자가 자주 마주하는 대장의 문제는 바로 변비로 인한 사망입니다. 단순히 화장실을 오래 쓰는 것만이 변비의 문제가 아닙니다. 심하면 변비성 장폐색이나 대장 천공이 발생하고, 고령자나 장운동이 떨어진 사람에게는 이로 인해 패혈증이나 쇼크가 오는 일도 실제로 있습니다.

한번은 며칠간 배변을 못 한 80대 독거노인이 결국 배 안에 가스와 대변이 가득 차서 장이 터져 돌아가신 사례도 있었습니다. 주변에서는 단순한 소화불량이나 체기이겠거니 하고 넘겼지만, 부검을 통해 대장의 심각한 문제를 확인할 수 있었죠.

대장의 운동도 우리 몸의 움직임과 밀접하게 연관됩니다.

침대에 누워 있거나 활동량이 줄면 대장의 연동운동이 저하되어 고령자의 변비가 악화되고, 그 자체가 전신 상태를 더 악화시키는 악순환을 불러오기도 합니다.

또한 약물 부작용, 특히 마약성 진통제나 항콜린제, 정신과 약물 중 일부는 대장의 운동을 느리게 하여 약물 유발성 장폐색을 초래할 수 있습니다. 부검 중에 이런 약물이 검출되고, 대장에서 대변이 거의 움직이지 못한 채 정체된 상태를 확인하면 이 역시 중요한 단서가 됩니다.

마지막으로, 과민대장증후군Irritable Bowel Syndrome 역시 현대인에게 흔한 질환입니다. 기능성 장질환으로 실제 염증이나 구조적 이상은 없지만, 스트레스나 식사 습관에 따라 설사와 변비가 번갈아 나타나거나 복통이 심하게 느껴지는 증상입니다. 대장이 우리 기분을 반영하듯 움직인다는 걸 보여주는 질환이죠.

소장이 에너지를 흡수하는 곳이라면, 대장은 찌꺼기를 걸러내고 우리 몸의 배출과 균형을 담당하는 마지막 관문입니다. 한 끼 식사가 우리 몸을 떠나기까지 소화관은 긴 여정을 거칩니다. 그 여정의 후반부를 책임지는 대장은 말 그대로 '삶의 뒷마무리'를 해주는 장기입니다.

대장은 때때로 생전의 생활 습관, 복약 정보, 질병의 흔적, 사망의 단서를 고스란히 간직한 채 부검을 하는 법의학자에게 나타납니다. 지금껏 대장에게 너무 미안한 식습관을 가지고 생활해오지 않았나 돌아보게 되는 순간입니다.

침묵했던 장기의 배신

VOL.8

간

REPORT OF INVESTIGATION BY MEDICAL EXAMINER

CASE NUMBER ___08___   PARTS ___Liver___

DESCRIPTION OF BODY

SEX ___male___   AGE ___48___   DATE OF BIRTH ___19770502___

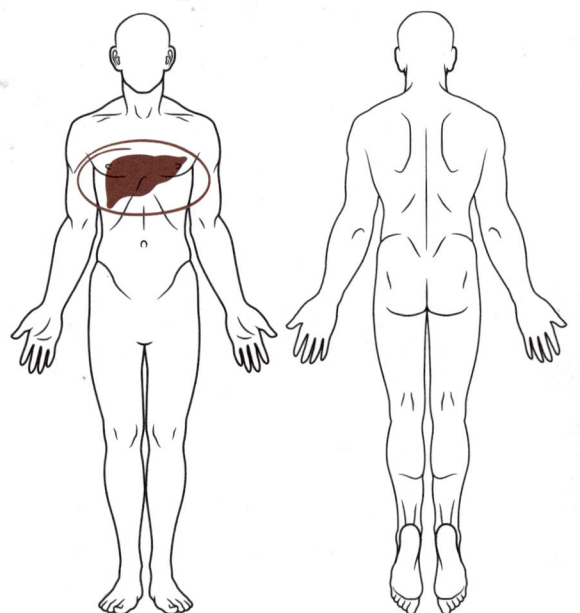

CAUSE OF DEATH

Esophageal Variceal Rupture

- 복강 내 복수, 비장 비대, 간의 결절성 재형성 관찰됨

- 사망 원인은 식도정맥류 파열로 인한 급성 실혈성 쇼크

간

☑ CASE 1

A씨는 48세 회사원으로 업무상 매일같이 술을 마셨다. 알코올사용장애 진단을 받고 나서도 그는 계속 술을 마셨고, 어느덧 병원에서는 알코올성 간경변증이라는 진단을 내렸다. 통원 치료를 진행하는 도중에도 간간이 술을 마신 그는 복수가 증가하고 하지 부종이 심해졌으며, 약 3개월 전에는 내시경상 식도정맥류가 진단되어 결찰술까지 받았다. 그런데도 최근에 그는 약 복용에 소홀했으며, 가족들의 진술에 따르면 여전히 음주를 계속했다고 한다.

사망 전날 밤, A씨는 가족들과 식사하다가 갑자기 검붉은 피를 다량 토했고, 얼굴이 창백해진 채로 쓰러졌다. 119 신고 후 구급대원이 도착했으나 현장 사망이 선고됐다. 출동한 경찰의 검시에서 외상 흔적은 발견되지 않았다.

부검에서 A씨의 전신에는 황달 소견이 보였고, 배 안인 복강 내에 담황색 복수가 약 1.2L 들어차 있었다. 비장은 약 350g으로 비대해진 상태였다. 간은 전체적으로 크기가 작고 표면이 매끈하지 못했으며 오톨도톨한 결절성 재형성을 보였다. 간을 만져보니 그 질감은 매우 단단했다. 위 안에는 약 400ml의 혈액이 관찰됐고, 위에서 가까운 하부 식도에는 혈관이 뱀처럼 울퉁불퉁 튀어나온 정맥류가 나타나 있었다. 그 튀어나온 혈관이 일부 파열됐다.

결국 A씨는 간경변증으로 인한 문맥압 항진(간으로 가는 정맥 혈압 상승)에 의해 식도정맥류가 형성되어 있었고, 그중 하나의 급성 파열로 대량의 토혈이 발생했으며, 이로 인해 급성 실혈성 쇼크에 빠져 사망한 것으로 판단됐다.

☑ CASE 2

49세 회사원인 B씨는 체질량지수(Body Mass Index, BMI) 33으로 겉보기에도 매우 비만한 상태였다. 술은 한 잔만 마셔도 얼굴이 빨개지고 힘들었기 때문에 마시지 않았으나, 평소에 과로하고 불규칙한 식습관으로 폭식을 했다. 게다가 정기 건강검진에서 간기능검사의 수치(AST/ALT) 상승이 반복됐지만 "살이 쪄서 그런 것 같다"라며 특별한 치료를 받지 않았다. 바쁘다는 핑계로 운동과는 담쌓고 퇴근 후 소파에 누워서 과자를 먹는 습관도 여전했다.

사망 3일 전부터 무기력함과 구토, 복부 팽만감을 호소했으나 심각하게 여기지 않다가 사망 전날 저녁에 가족과 식사 중에 갑자기 인지 저하(횡설수설하는 모습)와 의식혼탁을 보여 응급실로 이송됐다. 도착 당시에 간성혼수로 진단됐고, 혈액검

사상 AST/ALT 수치가 정상 범위인 40을 넘어 수천 단위로 확인됐다. 혈중 암모니아 수치도 상승된 상태였다. 의료진이 적극적인 치료를 시행했으나 결국 그는 응급실에 도착한 지 몇 시간이 안 되어 사망했다.

부검에서 B씨의 간은 전체적으로 누런 황갈색이었다. 또한 현미경으로 현저한 지방방울이 보이는 지방 변성fatty change, 소엽 구조 붕괴와 함께 비알코올성 지방간염NASH, 광범위한 괴사 및 섬유화 소견이 확인됐다. 대뇌에 경도의 뇌부종이 있었고 가슴 공간에 소량의 흉수가 고여 있는 이외에 현저한 손상은 없어 사망원인은 급성간부전으로 판단했다.

※ ※ ※

많은 현대인이 피곤하다는 말을 달고 삽니다. 그럴 때 문득 떠오르는 광고 문구가 있는데 기억하실지 모르겠습니다. "피로는 간 때문이야." 예전에 꽤 유명했던 건강보조제 광고였죠. 술을 마신 다음 날이면 괜히 내 몸에 미안해져 간 건강을 의식하게 되는데요. 실제로 피곤하거나 술을 마셨을 때 우리 몸에 깊게 관여하는 장기가 바로 간입니다.

사실 우리 몸에서 가장 큰 장기인 간은 생각보다 더 다양한 일을 합니다. 그럼에도 건강을 잃고 있다는 신호를 잘 주지 않아서 흔히 간을 '침묵의 장기'라고도 하죠. 하지만 법의학자가 확인하는 간은 생전의 삶과 생활 습관을 고스란히 보여주며 많은 이야기를 해주는 장기입니다. 지금 이 순간 간이 침묵 속에서 어떤 말을 걸어오고 있는지 숨죽여 귀 기울일 필요가 있습니다.

우리 몸에서 가장 거대한 장기

간은 우리 몸에서 가장 큰 내장 기관입니다. 오른쪽 갈비뼈 아래에 위치해 있는데, 마른 체형인 분들은 갈비뼈 아래를 손으로 만져보면 뭔가 두툼한 덩어리가 느껴질 겁니다. 그게 바로 간입니다. 보통 길이는 20~30cm 정도, 무게는 800g~1.5kg 정도로 성인 남성의 주먹 두 개를 합친 것보다 더 크고 묵직합니다. 건강한 간은 붉은 벽돌색을 띠는 것이 정상인데, 지방간이 있으면 누리끼리한 색깔로 보이고 만졌을 때 물컹한 느낌이 듭니다. 물론 대부분의 사람들은 간의 색깔과 질감을 보고 느낄 일이 없지만 법의학자는 부검할 때 확인할 수 있죠.

평소에는 간의 위치를 의식하거나 만져볼 일도 잘 없지만, 격투기에서 자주 언급되는 '리버 펀치'는 간이 외부 충격에 얼마나 취약한지를 상징합니다. 오른쪽 갈비뼈 아래를 가격당한 선수는 굉장한 고통을 호소하며 쓰러지게 되는데, 이때 '리버Liver'가 영어로 '간'을 뜻합니다. 실제로 간은 외부 충격으로 인해 멍들거나 파열될 수 있으며, 이는 내부 출혈과 직접적인 생명 위협으로 이어질 수 있습니다.

간은 구조상 유일하게 두 개의 혈관(간문맥과 간동맥)으로부터 혈액을 공급받고, 간정맥을 통해 심장으로 혈액을 내보내는 독특한 순환구조를 가지고 있습니다. 우선 '간문맥'이라는 혈관에서 약 80%의 혈액이 들어옵니다. 간문맥은 우리가 먹은 음식물이 소장에서 흡수된 뒤 간으로 이동하는 통로입니다. 그게 간을 통과해 간정맥을 거쳐 다시 심장으로 이동하게 되죠. 즉 밥을 먹으면 힘이 나는 이유는 소장에서 흡수된 영양분이 간을 거쳐 일종의 연료로써 전신에 퍼지기 때문입니다.

나머지 20%의 혈액은 '간동맥'으로 들어옵니다. 간 자체도 신선한 산소와 영양분이 있어야 살아 움직일 수 있으니 여기에 필요한 혈액을 공급받는 것입니다.

결과적으로 간은 두 혈관을 통해 혈액을 받고, 하나의 혈관을 통해 혈액을 내보내는 구조입니다. 보통 동맥에서만 혈액을 공급받는 다른 장기들과 달리 독특한 순환 알고리즘을 가진 셈이죠.

몸의 화학 공장, 간의 다섯 가지 기능

간은 한마디로 말해서 우리 몸의 대규모 화학 공장이라고 할 수 있습니다. 간의 기능이 무려 500여 가지나 되니 그야말로 쉴 새 없이 돌아가는 바쁜 공장입니다. 500가지를 다 열거할 수는 없으니 가장 핵심적인 다섯 가지 역할을 살펴보겠습니다.

탄수화물 대사(혈당 조절, 글리코겐 저장)

우리가 짜장면이나 밥, 빵처럼 탄수화물이 풍부한 음식을 먹으면 보통 소장에서 포도당(글루코스) 형태로 흡수됩니다. 간문맥을 통해 간으로 들어온 포도당은 글리코겐이라는 형태로 바뀌어 저장되죠.

먼 옛날로 거슬러 올라가면 원시시대에는 사냥을 해서 식량을 구했으니 언제 또 사냥에 성공해 음식을 먹을 수 있을지 몰랐습니다. 그럴 때 한동안 굶어도 쓰러지지 않을 수 있었던 건 글리코겐이 간에 저장되어 있고, 필요할 때 꺼내서 쓸 수 있었기 때문입니다.

운동하는 분들도 글리코겐에 관해 들어봤을 텐데요. 보통 "30분쯤 뛰어야 그다음부터 지방이 연소된다"라고 말하는 것도 글리코겐과 관련이 있습니다. 30분 정도는 우리 몸에 저장된 글리코겐을 먼저 사용하고, 그게 다 소진돼야 비로소 지방을 에너지원으로 사용하기 때문입니다. 간은 이처럼 탄수화물을 우리가 사용할 수 있는 에너지원으로 저장하고 사용하는 역할을 합니다.

단백질 대사(혈장 단백질 합성)

간은 혈장 속에 있는 '알부민'이라는 단백질을 만듭니다. 알부민은 혈액의 적정한 농도를 맞춰 삼투압을 유지해주는 기능을 합니다. 만약 알부민이 부족하면 혈액이 혈관 밖으로 새어 나가며 복수나 부종이 생길 수 있죠. 그래서 오랫동안 누워 있는 만성질환자들은 병원에서 알부민 수치 검사를 자주 하게 됩니다.

또 넘어져서 상처가 났을 때 피가 금방 멎는 게 간의 역할이라는 사실을 아셨나요? 간에서는 혈액의 응고인자도 생성하는데, 몸에 상처가 나면 피가 계속 나지 않고 꾸덕꾸덕하게 굳는 것이 그 덕분입니다.

그래서 법의학자는 간경화를 앓았던 시신을 부검할 때 알부민이 부족한 현상을 자주 확인합니다. 간이 딱딱하게 굳으면 알부민을 제대로 생성하지 못하고, 자칫 머리라도 부딪히면 피가 멈추지 않아 뇌출혈로 사망할 수 있습니다.

지방 대사(지방산 합성, 콜레스테롤 대사)

콜레스테롤이라고 하면 무조건 몸에 나쁘다고 생각하는 분들도 있지만 사실 그렇지 않습니다. 콜레스테롤은 우리 몸의 세포막, 뇌, 호르몬 등을 구성하는 중요한 요소거든요. 간은 바로 이런 콜레스테롤과 지방산을 합성하고 분해하는 역할도 합니다. 즉 지방 대사를 하는 것도 간의 역할인 것이죠.

물론 매일 삼겹살이나 아이스크림을 먹으면서 지나치게 많은 지방이 쌓이면 문제가 됩니다. 간에 지방이 너무 많이 축적되면 간이 그 부담을 고스란히 떠안으며 지방간이 생깁니다. 거기에 염증이 더해지면 지방간염, 또 결국에는 간경화까지 이어질 수 있는 겁니다.

담즙 생성 및 배출

간에서는 담즙이 생성되어 담관을 따라 담낭에 보관됐다가, 우리가 음식을 먹으면 췌장액과 함께 십이지장으로 분비됩니다. 그럼 담즙은 무슨 역할을 할까요? 바로 지방을 잘게 분해하고 흡수하도록 도와줍니다. 우리가 대창처럼 기름진 음식을 먹으면 소장에서 분해해야 하는데, 이때 담즙이 지방을 유화시켜 소화를 돕는 것이죠. 동시에 과도한 콜레스테롤을 담즙의 형태로 내보내며 몸 밖으로 배출하는 역할도 하게 됩니다.

즉 담즙은 콜레스테롤을 조절하고 간이 배출하려는 노폐물을 내보내는 통로이기도 합니다. 간이 안 좋거나 담즙이 제대로 배출되지 않으면 혈액 속의 콜레스테롤 수치가 높아지고, 소화가 안 되며 몸이 피로해집니다.

해독 작용(약물, 알코올 대사)

간에 대해 가장 잘 알려진 기능이 바로 해독 작용일 텐데요. 많은 분이 알고 있는 것처럼 간은 술의 알코올과 각종 약물을 분해합니다. 알코올 분해 효소는 간 외에도 온몸에 있지만 특히 간에 집중적으로 많아서 간이 망가지면 알코올이 잘 분해되지 않습니다. 더 쉽게 취하는 것은 물론이고 몸의 정상적인 리듬을 찾는 데에도 더 많은 시간이 걸립니다. 약물 역시 간에서 분해하기 때문에 꾸준히 효능을 얻을 수 있도록 하루 세 번 먹으라고 하는 것이죠.

또 간에서는 암모니아를 요소라는 물질로 분해합니다. 암모니아는 독소이므로 간에서 제대로 분해되지 않으면 혈액을 타고 뇌에 쌓이며 심각한 문제를 일으킬 수 있습니다. 그래서 간 질환을 오래 앓으면 원래 온화하던 사람이 폭력적으로 변하거나 방향감각 상실, 환각, 혼수 등의 증상을 나타내기도 합니다. 간경화가 심해지면 사람이 극단적으로 변하거나 이상행동을 보이는 이유가 바로 간이 독소를 해독하지 못하기 때문입니다.

간이식이 필요한 경우

우리 몸에서 정말 중요한 역할을 하는 간에 문제가 생기면 삶의 질이 급격히 떨어질 수밖에 없습니다. 다행스러운 점은 간이 신이 주신 재생의 장기라는 사실입니다. 간은 강력한 재생능력을 가지고 있어서 설령 70%를 잘라내더라도 다시 원래 크기로 돌아올 수 있습니다.

이는 암세포처럼 비정상적으로 증식하는 것이 아니라 손상된 간세포가 필요에 따라 스스로 증식하는 정상적 생리 반응입니다. 어느 정도의 손상까지는 스스로 복구하는 능력을 지닌 것이죠. 그러나 무한정 재생이 가능한 것은 아닙니다. 반복적인 손상은 섬유화를 유발하고, 결국 간경변(간경화)으로 이어져 암 발생률도 높아집니다. 특히 만성간염이나 알코올성 간질환이 있는 경우에 간세포암종[HCC]의 발생 위험은 수십 배 증가합니다.

그래서 간이 제 기능을 하지 못하고 심각한 상태에 이르렀을 때는 최종적으로 생체간이식을 해야 합니다. 간경변으로 인해 간이 딱딱해지고 손상되면 암이 쉽게 발생할 수 있다고 말씀드렸죠? 일단 그렇게 암이 생기면 이미 간 전체가 망가진 상태이므로 일부를 절제해도 옆에 또 암세포가 증식하게 됩니다. 유일한 완치는 새로운 간을 이식하는 것입니다.

보통 가족 중 누군가가 간을 이식해주거나, 뇌사자의 간이 손상되지 않았을 경우 이를 이식하기도 합니다. 일부를 절제하여 이식하면 간이 어느 정도 정상 크기로 돌아오게 됩니다. 물론 간이식이라는 것 자체가 절대 쉽지는 않은 일이니 재생능력을 믿고 가볍게 생각해서는 안 됩니다. 그저 한 번쯤 기회를 주는 것뿐, 무한하게 간을 소비해도 된다는 뜻은 절대 아니죠.

간을 위협하는 세 가지 주범

간은 별다른 증상 없이 서서히 손상되다가 어느 날 갑자기 증상이 나타나고, 그제야 병원에 가보면 이미 심각한 단계에 이르러 있는 경우가 많습니다. 평소에 간질환을 막기 위해 주의해야 하는 세 가지를 꼽자면 바로 바이러스 감염, 알코올, 비만입니다. 다시 말해서 이 세 가지가 간질환을 유발하는 주된 원인이자, 우리가 간 건강을 지키기 위해 유의해야 하는 생활 습관의 핵심이기도 합니다.

예방접종으로 막을 수 있는 B형 간염

B형 간염은 우리나라에서 가장 흔한 만성 간질환입니다. B형 간염에 왜 걸리는 걸까요? 우선 예전에는 산모가 보유한 바이러스가 태반을 타고 아이에게 넘어가 감염되는 경우가 있었습니다. 이렇게 1세 미만에 감염될 경우 만성 간질환의 위험이 90%까지 올라갑니다. 그 때문에 간혹 형제가 모두 간암에 걸리는 안타까운 사례도 발생하곤 했습니다. 하지만 지금은 산모가 B형 간염 보균자라고 해도 임신부에게 항바이러스제를 사용하거나 신생아 예방접종을 통해 예방이 가능하므로 걱정하지 않아도 됩니다.

　1세 이후에 B형 간염에 걸리는 원인은 다양합니다. 감염된 혈액으로 오염된 주사기를 재사용하여 감염되거나, 가족 간에 면도기나 손톱깎이를 같이 쓰다가 미세한 상처나 체액을 통해 감염되기도 합니다. 성인이 된 후에는 성관계를 통해 감염될 수도 있습니다.

　어릴 때 감염될수록 만성화될 확률이 높아서 2~3세에 감염되면 만성화되는 비율이 30%에 이릅니다. 청소년기나 성인이 되어 감염되면 만성화되는 비율은 5~10%로 낮아지는 편입니다. 대신에 보균자라면 최대한 절주하면서 일상생활 속에서 간 건강을 관리하고 정기적으로 모니터링할 필요도 있습니다.

B형 간염은 아직까지 완치가 안 되지만 다행히 예방법이 있습니다. B형 간염 예방접종을 맞는 겁니다. 간단한 예방법이니 꼭 백신을 맞아야겠죠? A형 간염도 간염성 질환이고 C형 간염도 만성으로 이어질 확률이 상당히 높은 무서운 질환이지만 지금은 모두 치료법이 있습니다.

하루 한 병이 불러오는 알코올성 간질환

엄밀히 말하면 소주는 증류주가 아니지만 큰 카테고리에서 증류주로 분류하다 보니, 우리나라는 세계에서 증류주 소비가 가장 많은 국가로 꼽힙니다. 물론 사회관계를 맺다 보면 술이 필요한 순간도 있고, 좋은 사람들과 즐기는 술자리는 위로와 힐링이 되어주죠. 하지만 꾸준한 음주 습관이 쌓이다 보면 필연적으로 찾아오는 질병이 알코올성 간질환입니다.

알코올성 간질환은 세 단계로 진행된다고 보면 됩니다. 우선 술을 자주 마시면 간세포 안에 마치 공기 방울처럼 생긴 지방이 쌓이게 됩니다. 그렇게 지방이 쌓이다 보면 간에 기름 덩어리 같은 지방이 낀 알코올성 지방간이 생깁니다.

지방은 살이 찌게 하는 요인이라고 단순하게 생각하는 분이 많지만, 더 중요한 건 염증을 불러오는 물질이라는 점입니다. 계속 술을 마시다 보면 알코올성 지방간은 필연적으로 다음 단계인 지방간염으로 이어집니다. 지방으로 인해 염증이 생기면 간세포가 손상되는데, 간세포는 한번 죽고 나면 원래 상태로 회복되기 어렵습니다. 간의 재생능력이 뛰어난 것은 사실이지만, 무릎이 까진 뒤에 피부가 반들반들하게 회복되는 것처럼 간세포도 한번 손상되면 원래의 부드러운 조직으로 돌아오는 것이 아니라 딱딱하게 섬유화가 진행됩니다.

섬유화가 누적되면 세 번째 단계인 알코올성 간경변에 이르게 됩니다. 간세포가 파괴되고 섬유화가 누적되면서 간이 딱딱하게 굳고 제 기능을 하지 못하게 되는 것입니다. 담즙이 제대로 생성되지 않으면 피부가 누렇게 변하는 황달이 생기고, 알부민이 부족해 삼투압 유지가 되지 않으면 복수가 차고, 혈액이 응고되지 않아 작은 상처도 치명적인 상황으로 이어집니다. 또 해독 작용도 제대로 하지 못하니 몸속에 독소가 쌓여 늘 몸이 피곤해지죠. 이 단계에서는 자연스럽게 되돌리기 어렵고, 결국 간이식을 하는 것이 유일한 방법입니다.

대한민국 법의학자는 알코올성 간경변을 자주 봅니다. 특히 간경변에 의해 간이 딱딱해지면 간의 혈관으로 혈액이 잘 들어가지 못하고 우회하면서 식도정맥류가 생기는데, 식도에 있는 정맥은 쉽게 파열될 수 있습니다. 그래서 대규모의 피를 토하며 죽는 식도정맥류 파열로 사망에 이르는 경우를 자주 보게 되는 것입니다.

알코올성 간질환을 예방하는 최선의 방법은 무엇일까요? 당연히 금주, 최소한 절주하는 것입니다. 만약 10년 이상 하루에 80g 이상의 알코올을 꾸준히 섭취한다면 그중 3분의 1은 알코올성 간질환에 걸릴 확률이 매우 높습니다. 17도 정도의 소주 한 병에 들어 있는 알코올이 약 50g이니까 하루에 소주 1.5병을 10년간 마신다면 누구나 위험한 단계에 이를 수 있다는 뜻입니다. 물론 이것은 통계적인 지표일 뿐, 누군가는 괜찮을 수도 있지만 누군가는 훨씬 적게 술을 마셔도 간이 망가질 수 있다는 사실을 기억해야 합니다.

비만이 불러오는 비알코올성 지방간

술을 마시지 않아도 지방간이 생길 수 있습니다. 최근에는 워낙 먹을 게 풍족하다 보니 비만 인구가 늘어나며 지방간도 많아졌습니다. 체중이 조금 많이 나가는 분들은 병원에서 초음파검사를 받아보면 대부분 지방간 소견이 있다는 말을 듣게 됩니다. 그만큼 흔하기도 하고 지방간 자체로 치명적인 건 아니지만 이 역시 염증을 불러일으킨다는 점이 문제입니다. 염증이 반복되며 간세포가 파괴되면 술을 마시지 않는 사람의 간도 간경화로 진행될 수가 있습니다. 비만도 음주처럼 간을 망가뜨리는 것입니다.

　특히 잦은 음주는 본인이나 주변에서도 경각심을 갖지만, 비만에 대해서는 크게 경계하지 않고 방심하는 분이 많습니다. 더구나 비만이 간질환으로 연결된다고 생각하지 못하다 보니 미처 대비하지 못한 채 간질환을 앓거나 간암으로 이어지기도 하죠. 우리나라 40~50대에서는 폐암과 비슷할 정도로 간암의 비율이 높습니다.

지금부터 시작하는 생활 습관의 변화

우리 몸의 화학 공장과도 같은 간을 건강한 상태로 오랫동안 지키기 위해서는 생활 습관의 변화가 가장 중요합니다.

　일단은 절주 또는 금주가 기본이겠죠. 특히나 B형, C형 간염 보유자라면 무조건 금주가 원칙입니다. 비만 역시 지방간과 그로 인한 간염, 간경화를 유발하기 때문에 적절한 체중을 유지해야 합니다. 매일은 못 하더라도 일주일에 세 번 이상 운동을 하고, 특히 지방간이 있으면 조깅, 수영, 자전거와 같은 유산소 운동을 추천합니다.

　또 간은 알코올뿐만 아니라 약물도 해독하므로 불필요하게 많은 약물을 먹으면 간에 부담이 됩니다. 의사에게 처방받지 않은 약을 무분별하게 먹지 않도록 하고, 간 건강이 우려되는 분들은 건강보조식품도 의사와 상의하는 편이 좋습니다.

그 외에도 스트레스 관리와 충분한 휴식, 위생적인 식사, 또 자주 병원에 가서 의사를 만나는 것도 좋은 예방법이자 관리법입니다. 우리나라의 초음파검사 비용은 세계적으로 볼 때 매우 저렴한 편입니다. 우리 몸을 지속적으로 관찰하고 돌볼 수 있는 길잡이를 쉽게 접할 수 있다는 건 엄청난 축복이죠. 최소한 1년에 한 번은 초음파검사를 통해 간의 건강을 확인해보길 권장합니다.

간은 초기에 증상으로 신호를 주지 않기 때문에 우리가 더 자주 들여다보고, 생활 속에서 잘 관리하는 것이 최선입니다. 물론 건강한 생활 습관을 유지한다는 게 현실적으로는 보통 의지가 아니면 어려운 일이죠. 하지만 작은 선택들을 앞둘 때마다 지금도 바쁘게 일하고 있는 우리 몸의 화학 공장을 떠올린다면, 매 선택을 조금은 건강한 방향으로 바꿀 수 있지 않을까요? 오늘의 소주는 다음 주로 미루고, 가기 싫은 운동을 억지로 한번 다녀오는 것도 좋은 선택 중 하나입니다.

침투한 세균이 맞닥뜨리는
첫 관문

VOL.9

비장

REPORT OF INVESTIGATION BY MEDICAL EXAMINER

CASE NUMBER 09   PARTS Spleen

DESCRIPTION OF BODY

SEX male   AGE 58   DATE OF BIRTH 19670727

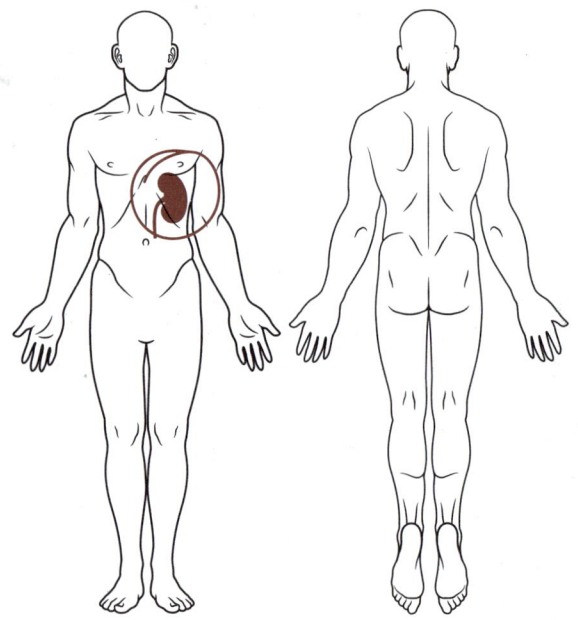

CAUSE OF DEATH

Acute Myocardial Infarction

- 간은 정상에 가까웠으나 비장에서 약간의 종대 관찰됨

- 사망 원인은 심근경색

사람들은 대부분 비장을 잘 모릅니다. 우리 몸의 어디에 비장이 있는지, 또 무슨 일을 하는지도 다소 생소하죠. 하지만 우리 몸에 불필요한 장기는 하나도 없습니다. 비장은 우리 몸의 면역과 혈액순환에 깊이 관여하고, 또 외부의 위협으로부터 맞서 싸우는 첫 번째 방어선이기도 합니다.

법의학자가 마주하는 비장은 주로 외부의 충격으로 파열되어 있는 경우가 많은데요, 아니면 주먹 하나만 한 크기의 비장이 두 배 이상 부푼 채로 발견되기도 합니다. 비장에 왜 이런 문제가 생기고, 또 비장이 없으면 우리 몸은 어떻게 될까요? 평소에는 큰 존재감이 없지만 묵묵히 우리 몸을 지키고 있는 비장에 관해 살펴보겠습니다.

노화된 적혈구의 은퇴식

비장은 그 자체도 다소 생소한데, 우리나라에서 '지라'라는 한층 더 생소한 이름으로 부르기도 합니다. 우리 몸의 왼쪽 갈비뼈를 위에서부터 만지며 내려오다 보면 9번과 11번 사이, 위의 왼쪽 끝과 췌장 근처에 비장이 위치해 있습니다. 갈비뼈 안쪽에 숨어 있는 거죠. 길이는 10cm 정도, 전체적으로 주먹만 한 크기에 두께는 3~4cm 정도입니다. 비장의 무게는 일반적으로 약 150g인데, 한국인의 경우 체격에 따라 100~150g으로 조금씩 차이가 날 수 있습니다.

이렇게 작은 비장이지만 우리 몸에서 생각보다 중요한 역할을 맡고 있는데, 그중 첫 번째는 바로 혈액여과입니다. 오래되고 노화한 적혈구를 제거하는 일을 하죠. 흔히 '혈액' 하면 심장과 혈관을 떠올리지만, 그 혈액을 관리하는 장기 중 하나가 바로 비장이라고 할 수 있습니다.

적혈구는 혈액 속에서 산소를 운반하는 역할을 하는 세포입니다. 가운데가 옴폭 들어간 납작한 도넛 모양처럼 생겼죠. 골수에서 적혈구를 만들어내면 적혈구가 혈액을 타고 온몸을 돌면서 산소를 전달하는데, 수명은 약 120일입니다. 그럼 수명이 다 된 오래된 적혈구는 어떻게 될까요? 더 이상 제 기능을 하기 어려운 늙은 적혈구는 비장이 잡아내어 제거하게 됩니다.

간혹 운동선수들이 불법으로 약물을 복용했다는 사실이 밝혀지곤 합니다. 과거에 '투르 드 프랑스'라는 사이클 경주의 전설적인 선수인 랜스 암스트롱Lance Armstrong도 7연패를 달성한 이후 도핑을 했다는 사실이 알려져 모든 기록이 말소됐습니다. 이때 복용한 약물이 'EPO(에리트로포이에틴)'으로, 골수에서 적혈구가 샘솟듯 과도하게 생성되게 만드는 호르몬입니다.

예를 들어 원래는 골수에서 하루에 30만 개의 적혈구를 만들어야 하는데, 이 약을 복용하면 하루에 생성되는 적혈구의 양이 두세 배 이상 증가합니다. 그러면 이로 인해 혈액의 점도가 높아지는 동시에 심혈관계 위험도 함께 커집니다. 적혈구가 많아지면 좋은 점은 더 많은 산소를 근육에 공급하니 지치지 않고 오랫동안 운동을 할 수 있겠죠. 물론 이런 상황이 오면 비장은 아주 바빠질 겁니다. 늙은 적혈구를 10만 개만 제거하면 됐는데 이제 30만 개를 제거해야 할 테니까요. 그렇게 무리하다 보면 비장이 점점 커집니다.

그럼 도핑을 할 일이 없는 일반인들은 안심해도 될까요? 그렇지 않습니다. 담배를 피우는 분들의 몸에서도 적혈구가 많이 생성되는데, 담배 연기 속의 일산화탄소가 산소 공급을 방해하기 때문입니다. 산소가 잘 공급되지 않으니 이를 해결하려고 적혈구를 더 많이 만들어내는 겁니다.

    적혈구가 많으면 마냥 좋은 것이 아닙니다. 피가 끈끈해지고, 비장은 더 많은 일을 해야만 합니다. 그래서 생전에 흡연한 분들이 돌아가신 뒤 부검을 해보면 비장이 살짝 크고, 적혈구가 많고, 피가 끈끈한 것을 확인할 수 있습니다. 실제로 한번은 30년 가까이 흡연했던 58세 남성을 부검한 적 있습니다. 물론 그분의 사망원인은 심근경색증이었지만, 간이 비교적 정상에 가까웠음에도 비장에서 약간의 종대(부풀어 오름)를 관찰한 일이 기억에 남습니다.

보이지 않는 분주한 전쟁터

비장의 또 다른 핵심 역할은 우리 몸의 면역기능을 책임지는 것입니다. 우리 몸이 외부의 바이러스나 세균의 공격을 받을 때 맞서 싸우는 최전방의 지휘 본부라고 할 수 있습니다. 그리고 이 전쟁터에 나서는 주된 병력이 바로 림프구입니다. 혈액 속에는 적혈구 외에도 굉장히 많은 백혈구가 있는데, 그중에도 T림프구와 B림프구라는 중요한 면역세포들이 있습니다. 비장이 바로 T림프구와 B림프구를 활성화하는 역할을 합니다.

    우선 T림프구는 어릴 때 가지고 있다가 어른이 되면 퇴화하는 '흉선^{Thymus}'에서 기원한 세포라고 하여 그렇게 부릅니다. T림프구는 쉽게 말해서 최전방에 나가 싸우는 전투병입니다. 우리 몸에 세균이나 암세포가 나타나면 즉시 돌격해서 무참히 파괴해버립니다. 사실 지금 이 순간에도 우리 몸속에서는 끊임없이 병든 세포나 돌연변이 세포가 만들어지고 있습니다. 하지만 이를 알아차리지 못하고 건강을 유지할 수 있는 이유가 바로 T림프구와 같은 면역세포들 덕분입니다.

B림프구는 태생기에는 골수가 미성숙하기 때문에 간과 비장이 혈구를 만드는 조혈기관 역할을 함께 수행하면서 만들어지는 세포인데, 일종의 무기 공장이라고 보면 됩니다. 제2차 세계대전 때 미국이 참전하며 독일과 일본이 패한 이유가 무엇일까요? 무기를 만들고 군수기지를 돌릴 수 있는 미국의 막대한 자금이 투입됐다는 점이 큰 역할을 했죠. B림프구도 마찬가지입니다. B림프구는 세균이나 바이러스를 상대할 수 있는 항체라는 특수한 단백질을 계속해서 만들어냅니다. 특히 이전에 한 번이라도 공격해온 세균이나 바이러스를 기억해두었다가 다음에 똑같은 적이 침입하면 바로 항체를 만들어 대응합니다.

T림프구와 B림프구는 각자 일하는 것이 아니라 T림프구가 전쟁터에 나가면서 B림프구가 항체를 만들도록 자극합니다. 즉 전투병과 무기 공장이 서로 협력하면서 효과적인 면역체계

를 만들어내는 겁니다.

　백신을 맞는 것도 바로 이 원리를 이용합니다. 진짜 바이러스는 아니지만 바이러스와 비슷한 것을 몸에 넣어 T림프구와 B림프구가 맞서 싸워 제압하도록 한 뒤 이를 각인시킵니다. 그러면 이후에 진짜 바이러스가 들어왔을 때 이전 기억을 바탕으로 즉시 그 바이러스를 적으로 간주하고 공격하게 되죠.

　비장은 이렇게 우리 몸의 면역을 유지하는 T림프구와 B림프구를 조절하며 면역력을 끌어올리는 역할을 합니다. 즉 세균이 핏속에 들어오면 비장은 그 병균을 안으로 불러들여 '멍석말이'하듯, 요컨대 병원균을 비장 내부로 유도해 포위한 뒤 T림프구와 B림프구가 집중 공격을 할 수 있도록 합니다.

　사실 면역기능은 워낙 방대하고 복잡하여 구체적으로 다루기는 어렵지만, 항암 치료에도 바로 이러한 면역 시스템이 적용됩니다. 우리 몸에 암세포가 들어오면 당연히 든든한 T림프구가 돌격에 나설 텐데, T림프구에게도 약점이 하나 있습니다. 일부 암세포는 PD-L1이라는 단백질을 분비합니다. 그런데 T림프구의 표면에 있는 PD-1이라는 입자와 PD-L1이 결합하면 T림프구가 작용을 못 하게 되어버립니다. 이는 본래 자가면역을 억제하는 생리적 기전이지만, 일부 암세포는 이를 '위장술'처럼 악용하여 면역을 회피합니다. 결론적으로 뻔히 옆에 암세포가 있는데도 멀뚱멀뚱 가만있게 되는 겁니다.

그래서 PD-1을 원천 봉쇄하는 약으로 나온 것이 '옵디보', '키트루다'와 같은 면역항암제입니다. 물론 PD-L1을 무력화하는 약도 나오고 있고요. 전신에 암세포가 퍼져도 이렇게 면역항암제를 복용하면 T림프구가 가만히 있지 않고 계속 공격에 나서기 때문에 암이 더 번지지 않은 채로 오래 사는 분도 많습니다. 물론 이때도 T림프구와 B림프구의 지휘 본부인 비장의 역할은 여전히 중요하겠죠.

비장이 커지거나 파열되는 경우

비장의 중요한 역할은 이처럼 혈액여과, 그리고 T림프구와 B림프구의 활성화를 통한 면역기능 유지가 있습니다. 그 외에도 혈액을 저장하는 역할을 하기도 하고, 태아의 경우 골수가 발달하기 전에 비장에서 혈액을 조금 생성하기도 합니다.

그렇다면 법의학자가 마주하는 비장은 주로 어떤 모습일까요? 비장도 질병에 걸릴 수는 있습니다. 세균에 감염되거나 압도적인 바이러스가 몰려올 때 비장에 염증이 생기고, 이로 인해 비장이 커지는 경우가 있죠. 이를 비장 종대라고 합니다.

특히 간경변이 진행되는 경우에 간으로 가는 혈류가 막히면서 이 혈액이 비장으로 쏠리며 크기가 점점 커집니다. 심지어 주먹 두 개를 합친 것보다 더 크게 부풀기도 합니다. 비장이 커지면 정상보다 훨씬 많은 적혈구를 제거하게 되니 생전에 빈혈이나 통증, 더부룩함 등의 증상을 느꼈을 겁니다. 실제로 부검을 할 때도 비장이 애플망고만 하게(보통 크기의 2~3배 이상으로) 커져 있으면 바로 간을 확인하는데, 거의 간경화가 진행되어 있습니다.

다만 부검을 할 때 비장의 질환을 중점으로 보는 일이 많지는 않습니다. 비장에서 가장 많이 보게 되는 것은 다름 아닌 '비장 파열'입니다. UFC 종합격투기 경기를 보면 심한 복부 타격을 받는 경우가 있죠? 이럴 때 자칫 갈비뼈 아래에 숨어 있는 비장이 찢어질 수 있습니다. 비장의 역할 중 하나가 혈액을 보관하는 일이기 때문에 비장이 찢어지면 당연히 피가 많이 나겠죠.

그대로 피가 줄줄 새기 시작하면 자칫 생명에 지장이 갈 수 있으므로 병원에 가면 비장을 절제하기도 합니다. 물론 비장을 가능한 한 살리는 것이 제일 좋겠지만 출혈 때문에 생명이 위태로운 상황에서는 제거하는 것이 최선일 때도 있기 때문입니다. 법의학자가 비장 파열을 마주하게 되는 건 파열된 비장을 제때에 제거조차 하지 못해 돌이킬 수 없는 결과로 이어진 상황인 셈입니다.

그 외에도 오랫동안 항암제를 투여하는 등 질환을 앓다가 돌아가신 분들은 비장의 혈관이 막혀 일부가 죽어 있는 비장경색을 나타내기도 합니다.

비장을 지키는 작은 습관

비장이 파열되는 일은 UFC 경기 같은 특수한 상황 외에도 일상에서의 격렬한 스포츠나 교통사고 등으로 발생합니다. 사고는 항상 예상치 못한 상황에 일어나지만, 미리 안전에 유의해서 손해를 볼 일은 없습니다.

평소 비장의 건강을 지키는 것도 중요한데요. 우리 몸의 건강을 위한 노력이 비장의 건강으로도 이어집니다. 기본적으로 비장이 혈액여과를 잘하려면 적혈구도 건강해야 합니다. 철분, 엽산, 비타민 B12 등 건강한 적혈구의 생성을 돕는 영양분을 섭취하고 우유, 소고기, 돼지고기, 콩, 시금치 등의 음식을 먹는 것도 좋습니다. 그 외에 규칙적인 운동, 과도한 알코올 섭취 제한, 또 정기적인 건강검진도 권장합니다.

이처럼 생활 습관 속에서 건강을 유지하면 제일 좋겠지만 불가피하게 비장을 떼어내면 어떻게 될까요? 비장을 제거한다고 해서 곧바로 치명적인 영향이 생기는 것은 아닙니다. 외과

의사들은 '비장을 제거해도 큰 문제가 없다'라고 말하기도 하는데, 실제로 비장을 떼고도 건강하게 사는 분이 많습니다.

하지만 비장이 하던 역할의 빈자리는 분명히 나타날 수밖에 없겠죠. 큰 문제는 아니어도 자잘한 문제가 많이 발생합니다. 우선 면역기능이 저하됩니다. 특히 폐렴구균이나 수막구균처럼 평소에는 비장이 즉시 무력화한 세균이 이제 쉽게 감염을 일으킬 수 있습니다. 그래서 백신접종은 더욱 필수로 해야 합니다. 간이 비장의 기능을 일부 대신해주기는 하지만 완전히 대체하기는 어렵습니다. 그렇기 때문에 면역 관리가 무척 중요하며, 특히 폐렴구균·수막구균 백신접종 등 예방조치가 필수입니다.

또 비장을 제거하면 일부 혈액여과 기능이 감소하여 노화된 적혈구 제거가 지연되고, 감염에 대한 민감성이 증가합니다. 대부분은 큰 무리 없이 일상생활이 가능하지만 아무래도 오래된 적혈구를 그때그때 제거하고 새로운 적혈구가 생성되어 산소를 운반해줘야 하는데, 적혈구가 제때에 정리되지 않으니 쉽게 지칠 수 있습니다. 결론적으로 비장이 없어서 당장 치명적인 문제가 생기는 것은 아니지만, 비장은 우리 몸의 건강과 조화를 위해, 또 보통의 일상을 위해 조용하게 일하는 중입니다. 가능한 한 삶의 마지막까지 비장이 제 기능을 하며 함께할 수 있도록 노력하는 것이 가장 좋겠습니다.

보이지 않는 곳에서의
치명타

VOL.10

담낭

REPORT OF INVESTIGATION BY MEDICAL EXAMINER

CASE NUMBER _10_   PARTS _Gallbladder_

DESCRIPTION OF BODY

SEX _male_   AGE _62_   DATE OF BIRTH _19630314_

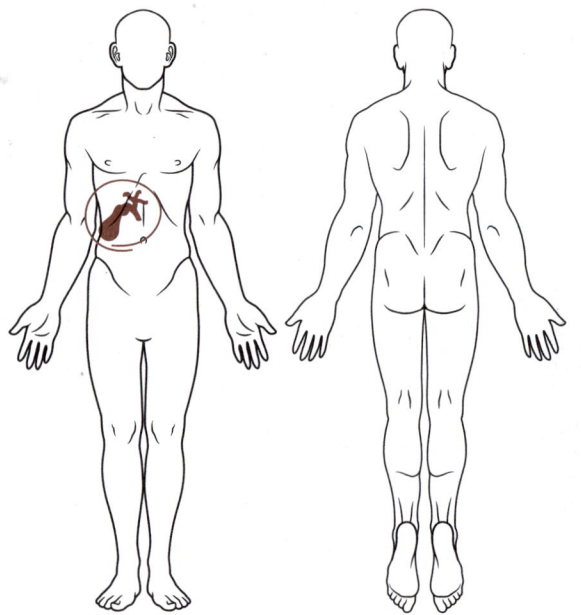

CAUSE OF DEATH

Gallbladder Perforation with Choleperitonitis

- 담낭 내 콜레스테롤성 담석 다수, 담낭벽 천공 및 복막염 소견 관찰됨

- 사망 원인은 담즙성 복막염에 의한 패혈성 쇼크

담낭

☑ CASE

62세 남성 A씨는 평소에 삼겹살, 곱창 등 고지방 음식을 즐기는 식습관이 있었고 1년 전에는 담석 진단을 받았다. 수술을 미루던 중 어느 날 의사가 주의를 준 음식인 고기를 친구들과 함께 먹고 왔는데 갑자기 복통을 호소하며 구토를 시작했다. 가족이 즉시 119에 신고했지만 병원으로 이송하는 도중에 의식이 저하되며 심정지가 발생했고, 응급실에 도착하여 전문 심폐소생술을 실시했음에도 끝내 사망했다.

부검에서 관찰된 그의 담낭 내에는 지름 1.5cm 크기의 콜레스테롤성 담석이 다수 발견됐고, 담낭벽이 천공되면서 주변에 복막염 소견도 현저했다. 평소에는 무증상이던 담석이 급성담낭염 및 천공 → 복막염 → 사망으로 이어진 사례로 판단하여, 담즙성복막염에 의한 패혈성쇼크로 사망원인을 진단했다.

✶ ✶ ✶

부검을 할 때 간을 떼어내면 그 뒤에 암녹색 주머니처럼 생긴 담낭이 붙어 있습니다. 간에서 만들어진 담즙을 저장하는 일종의 주머니입니다. 법의학자가 담낭을 확인할 때 가장 자주 보게 되는 것은 결석입니다. 다름 아닌 '돌'이죠. 직접적인 사인이 아니어도 담석이 많이 들어 있는 담낭을 보는 일이 참 흔합니다. 언뜻 생각해도 돌이 점막을 자극하니 아프고 위험할 것 같죠?

하지만 의외로 담석의 존재를 모르고 평생 살아가는 분도 많습니다. 더 심각한 건 이로 인한 담낭의 염증, 그리고 암입니다. 『노인과 바다』로 노벨문학상을 받은 세계적 소설가 어니스트 헤밍웨이도 말년에 지방간과 담석, 담즙 배출 문제로 고통을 겪었다는 기록이 있습니다. 당시에 그는 지속적인 복통과 피로를 호소했다고 합니다. 언뜻 낯설게 들리는 담낭의 문제가 어떻게 우리 몸을 이토록 괴롭히는 걸까요?

담낭 안에 왜 돌이 생길까

담낭은 간의 뒤편에 붙어 있는 작은 주머니 모양의 장기입니다. 주된 역할은 간에서 만들어진 담즙을 일시적으로 농축하여 저장하는 것인데요. 우리가 음식물을 섭취하면 담낭에서 배출된 담즙은 췌장관과 만나 십이지장으로 분비되어 지방 소화를 돕습니다.

담낭은 시커먼 녹색을 띠고, 그 안에 들어 있는 담즙은 거무튀튀한 색깔의 끈적한 액체입니다. 담즙은 성인 기준으로 하루에 약 1L가 생성되니 꽤 많은 양입니다. 그중 97%는 물이고, 담즙산이 0.7%, 지방이 0.8%, 콜레스테롤이 0.2%, 그리고 적혈구가 분해될 때 나오는 색소 성분인 빌리루빈이 0.2% 정도 소량 포함되어 있습니다.

요약하면 담즙은 대부분 물로 이루어져 있으며, 담즙산, 콜레스테롤, 빌리루빈, 인지질 등 지방 소화와 노폐물 배출에 중요한 성분이 포함되어 있습니다.

담즙은 지방과 관련된 대부분의 일을 하기 때문에 특히 우리가 기름진 음식을 먹고 소화시킬 때 꼭 필요합니다. 우선 지방을 잘게 쪼개어 흡수를 돕는 역할을 하고, 또 지용성 비타민(A, D, E, K)의 흡수에도 필수적입니다. 콜레스테롤을 제거하고 간에서 해독된 노폐물을 배출하는 데도 담즙이 필요하죠.

그래서 우리의 변 색깔이 바로 담즙의 색이라고 보면 됩니다(정확히는 담즙 속 색소 성분인 빌리루빈이 장내에서 대사되어 스테르코빌린이라는 물질로 바뀌면서 변이 황갈색을 띠게 됩니다. 이는 간과 담낭이 제대로 기능한다는 신호입니다). 즉 담즙이 정상적으로 희석되어 황금색 변이 나오면 가장 건강한 상태이며 소화가 잘 이루어졌다는 뜻입니다. 담즙이 제대로 분비되지 않거나 출혈과 섞이면 검은색 변이 나오기도 합니다.

　법의학자가 부검 중에 담낭을 열어보면 꽤 많은 경우에 '담석'을 발견하게 됩니다. 저도 부검하면 간 뒤에 숨어 있는 담낭을 늘 만져보는데, 대개 비만인 분들에게서 담낭 안의 서걱서걱한 돌들이 손으로 만져집니다. 담낭이나 담관이 염증을 보이는 경우도 많고요.

　담석은 담즙 속에 콜레스테롤이 많고 지나치게 농축되어 굳어질 때 생깁니다. 콜레스테롤이 많으면 혈관을 막을 수 있는 것처럼, 담즙 속에도 너무 많은 콜레스테롤이 있으면 핵처럼 굳어 딱딱해지게 됩니다. 결국 '돌'이 되어버리는 것이죠. 주로 비만하거나 급격한 체중감량을 한 경우에는 담즙이 제대로 배출되지 않고 농축되어 담석이 생기기 쉬운 조건이 됩니다. 드물지만 임신, 고령도 위험 요소입니다.

　이처럼 담석이 생기면 일단 점막을 자극해서 담낭염을 일으킬 수 있습니다. 당연히 통증이 느껴지고 구역질, 소화불량이 나타나기도 합니다. 또 간에서 노폐물 배출이 제대로 안 되니 만성적으로 피곤하죠.

담석으로 인한 염증이 더 진행되면 급성담낭염을 유발하기도 합니다. 담석으로 인해 담즙이 담관을 통해 내려가지 못한 채 담낭에 고여 염증이 생기는 것입니다. 염증반응으로 발열, 오심, 구토가 발생하고 혈액검사에서는 백혈구 수치가 증가합니다. 증상이 심하지 않으면 경과관찰을 하며 약물 치료를 하겠지만 심할 때는 담낭절제술을 시행할 수도 있습니다.

다만 담석이 있다고 해서 모두 증상을 느끼는 것은 아닙니다. 평소에 증상이 없어서 본인도 잘 몰랐다가 고령으로 돌아가신 후 부검에서 담낭에 돌이 발견되는 경우도 꽤 흔합니다. 건강검진으로 담석이 있다는 것을 알았다면 일단 염증이 발생하지 않도록 꾸준한 관리, 관찰을 하면 됩니다.

담낭에도 암이 생길 수 있다

우리 몸에 세포가 존재하는 곳이라면 어디든 암이 발생할 수 있습니다. 암은 세포가 비정상적으로 증식하면서 정상적인 세포들을 공격하고 침범하는 질환이기 때문입니다. 당연히 담낭에도 암이 생기는데, 안타깝게도 예후가 좋지 않은 암입니다.

담낭암은 초기에 증상이 없고 간 뒤에 숨어 있어 빨리 발견하기 어려울뿐더러 5년 생존율이 30% 미만으로 매우 낮은 편입니다. 담석이나 만성 담낭염이 주된 위험 요인이고, 주로 고령의 여성에게 많이 발생합니다. 자꾸 몸이 말라가고 평소에 소화불량을 호소하던 68세 여성을 부검한 적이 있는데, 부검에서 우연히 담낭암을 발견하기도 했습니다.

담낭과 연결된 담관에서 암이 발생하기도 합니다. 특히 동아시아와 우리나라에서는 '간흡충 감염'이 주된 원인으로 꼽힙니다. 살아 있는 빙어를 초고추장에 찍어 날로 드시는 분들이 있죠? 이처럼 민물고기를 날로 먹었을 때 간흡충에 감염될 수 있습니다. 기생충이 담관을 타고 돌아다니니 염증이 생기고 결국 암으로 이어지는 겁니다. 제 석사논문이 이러한 담관암에 대한 연구였습니다. 당시에 실제로 담관암으로 수술받은 분들을 조사해보니 대부분 간흡충에 의한 감염이 원인이었습니다.

그래서 우리나라에서는 낙동강 유역인 부산, 대구, 경남에서 실제로 담관암 발병률이 전국 평균에 비해 높습니다. 민물고기는 반드시 익혀 먹고, 먹은 후에 간흡충증이 의심된다면 병원을 방문하여 적절한 진단과 함께 프라지콴텔이라는 처방약을 복용하길 권장합니다.

담낭의 조용한 존재감을 지키려면

담낭은 작고 조용한 장기지만 소화를 돕고 간의 노폐물을 배출하는 중요한 역할을 맡고 있습니다. 담낭을 제거해도 생존에는 문제가 없지만, 담낭이 없으면 담즙을 저장하고 적절한 때에 분비할 수 없으므로 기름진 음식을 지금처럼 마음껏 먹기는 어렵습니다. 바로 소화불량이나 설사가 생길 수 있죠. 또 지방이나 지용성 비타민이 잘 흡수되지 않으면 야맹증이나 골다공증으로 이어지기도 합니다.

담석이나 염증이 발생하지 않도록 어떻게 담낭의 건강을 지켜야 할까요? 담즙은 하루에 1L나 생성되기 때문에 충분한 수분 섭취가 중요합니다. 또 살이 너무 찌면 콜레스테롤이 너무 많아져서 결정화될 수 있고, 급격히 체중을 감량하면 담즙이 배출되지 않고 오래 고여 있는 탓에 마찬가지로 콜레스테롤이 결정화될 위험이 커집니다. 비만이든 급격한 다이어트든 담즙 내의 콜레스테롤 균형을 무너뜨리고 정체를 유발하니 담석 발생 확률이 높아지는 것입니다. 그러니 평소 적절한 운동과 체중 관리를 통해 건강을 유지하는 노력을 해야 합니다.

평소에는 큰 존재감이 없지만 막상 암에 걸리면 치명적인 결과로 이어질 수 있는 만큼 예방과 조기 발견이 정말 중요합니다. 뻔한 이야기지만, 건강한 생활 습관의 중요성을 자꾸 강조하는 이유는 우리가 건강하게 장수하기 위한 비결이 결국 잘 먹고 운동하는 습관이기 때문입니다. 그게 결국 갈비뼈 아래에 숨어 있는 작은 주머니 모양의 장기까지도 빠짐없이 챙기는 일입니다.

아는 순간 왜 이미
늦어버린 걸까

VOL.11

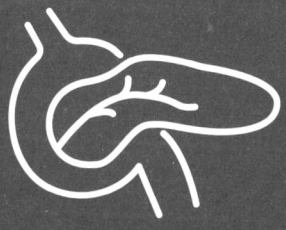

췌장

REPORT OF INVESTIGATION BY MEDICAL EXAMINER

CASE NUMBER _11_   PARTS _Pancreas_

DESCRIPTION OF BODY

SEX _male_   AGE _51_   DATE OF BIRTH _19740729_

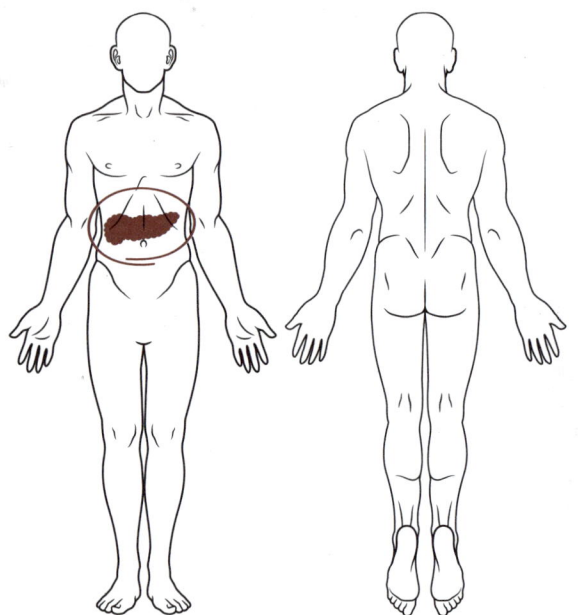

CAUSE OF DEATH

Acute Pancreatitis

- 췌장 주변 지방 괴사, 복강 내 다량의 맑은 액체, 자가소화 소견 관찰됨
- 사망 원인은 급성 췌장염

췌장

CASE 1

회사에서 임원으로 승진한 51세 남성은 승진 전날에 기념 회식을 거하게 진행했다. 술을 너무 많이 마셔서인지 다음 날 오전에 극심한 복통에 구토까지 나오려고 해서 주변 약국에서 숙취 해소 음료를 구입해 마셨다. 그래도 구토감은 여전히 지속됐다. 그는 119를 불러달라고 한 후 급작스럽게 의식을 잃었고, 미처 병원에 도착하기 전에 심장이 멎었다.

부검에서 그의 췌장 주변으로 지방 괴사가 보였고 다량의 맑은 물이 배 안에 들어차 있었다. 췌장의 단면에서 지나친 자가소화(췌장이 자기 소화효소에 의해 스스로 손상되는 현상)가 관찰되어 조직검사를 실시하니 급성췌장염이 확인되어 급성췌장염에 의한 사망으로 판단했다.

CASE 2

휴대전화를 받았을 때 다짜고짜 "○○경찰서 ○○○ 형사입니다. 교수님, 오늘 시간이 되시는지요?"라고 묻는 건 큰 사건일 경우가 대부분이다. 그날도 형사가 오전 11시 40분에 전화해 오후 2시에 나를 찾아오겠다는 통보를 해서 조금 당황했다. 중요한 일이라는 직감에 원래 계획했던 실험 데이터 확인을 미루고 기다리니 약속 시각에 형사 두 사람이 찾아왔다. 조금은 나이가 지긋한 남자 형사와 젊은 여자 형사였다. 인사와 명함을 주고받은 직후에 바로 이야기가 시작됐다.

"뉴스 보셨지요? 저희 경찰서 관할 지역에서 아이가 사망했습니다. 부검은 국과수에서 했는데 아이 엄마가 절대 자신은 아이에게 해를 끼친 적이 없다고 하네요. 교수님이 의견을 주시면 좋겠습니다."

국립과학수사연구원에서 부검한 경우에는 대부분 정확한 사망원인이 나오지만, 아주 가끔 피의자가 범죄행위를 부정하면 대학의 법의학자를 찾아오기도 한다. 사건 내용을 들어보니 바로 당일 아침에 기사로 잠깐 본 사건이었다.

"16개월 된 아이가 췌장이 파열되어 죽었는데 아이 엄마가 자신은 폭력을 휘두른 적이 없다고 지속적으로 진술하네요. 한번 아이를 안았다가 가슴 수술을 받은 쪽 팔이 아파서 떨어뜨려 아이의 등이 바닥에 부딪힌 적만 있다고 하는데 이런 손상이 발생할 수 있나요?"

아이의 부검 결과를 찬찬히 살펴봤다. 아이에게는 췌장이 최근에 파열되어 복부에 600ml의 혈액이 고여 있는 것(성인은 몸속의 혈액을 5~6L 정도 가지고 있지만 1세 이후 소아는 70ml/kg의 혈액을 가지고 있다. 약 10kg인 아이의 몸속에는 700ml의 혈액이 있을 터인데, 그중에서 600ml가 복강 내에 있다는 것은 응급 상황에서 의료진에 의한 수액공급을 고려하더라도 과도한 출혈이 발생했음을 의미한다) 이외에 장간막이 찢어진 흔적이 관찰됐다. 장기 주변의 급성 출혈, 육아조직, 유착을 보면 최소 2주 이전부터 사망 전까지 물리적인 외력이 지속적으로 작용했음을 추정할 수 있다. 이에 법정에서 아이의 복부 손상에 대해 진술하면서 척추의 허리뼈 2~3번 앞의 췌장이 찢어지려면 등이 아닌 배 부위에 매우 강한 충격이 있어야 된다고 밝혔다.

✳ ✳ ✳

스미노 요루의 소설 『너의 췌장을 먹고 싶어』는 출간된 이후 독특한 제목으로 관심을 모았습니다. 언뜻 섬뜩한 공포물인가 싶은데 알고 보면 췌장암을 앓고 있는 주인공 소녀와 관련이 있는 제목입니다. 자세한 스토리는 스포일러가 될 수 있으니 생략하는 게 좋겠죠? 췌장은 우리 몸 깊숙한 곳에 숨겨져 손으로 만져지지도 않는 조용한 장기입니다. 우리말로는 '이자'라고도 부릅니다.

침묵의 장기라고 불리는 간보다도 더 깊게 침묵하는 탓에 질병의 신호를 알아채기도 매우 어렵습니다. 즉 문제가 생겼다는 사실을 깨달았을 때는 이미 늦은 경우가 대부분이라는 겁니다. 법의학자의 관점에서는 급성복통으로 급사했다는 진술이 있거나 과음 또는 폭음 후의 급사, 황달이나 체중감소 등과 함께 당뇨병 병력이 있을 경우에 췌장을 우선적으로 자세히 살펴보게 됩니다.

    췌장은 어떤 일을 하고, 왜 망가지는 걸까요? 만약 평소에 흡연, 음주를 즐기는 분들이라면 우리가 췌장을 지켜야 하는 이유에 특히 집중해야 합니다.

인슐린 분비 등 췌장의 역할

췌장에 대해서는 잘 몰라도 인슐린은 굉장히 익숙한 분이 많을 텐데요. 특히 다이어트를 하면서 인슐린을 살이 찌게 만드는 호르몬이라고 오해하는 경우가 있습니다. 탕후루처럼 달콤한 디저트를 많이 먹으면 혈당이 올라가고, 이때 인슐린이 등장하는 건 맞습니다. 인슐린은 포도당이 근육이나 간에 쓰이도록 운반해주고, 남는 건 지방세포로 저장합니다. 지방도 우리 몸에 꼭 필요하죠.

    그런데 당이 높은 디저트를 너무 많이, 자주 먹다 보면 인슐린이 과잉 분비되면서 근육과 간의 세포들이 말을 듣지 않게 됩니다. 혈당이 혈액 속에 계속 떠돌고 있으니 더 많은 인슐린이 분비되고, 남은 포도당은 지방세포들이 대신 받아주게 되죠. 결과적으로 인슐린 저항성이 높아지면서 살이 찌기 쉬운 몸이 되는 겁니다. 인슐린 자체는 우리 몸에 꼭 필요한 호르몬으로 아무 잘못이 없습니다. 잘못된 건 지속적으로 혈당스파이크를 부르는 식습관입니다.

이 인슐린을 분비하는 기관이 바로 췌장입니다. 췌장을 현미경으로 들여다보면 마치 포도송이처럼 생긴 세포 집단이 보입니다. 파울 랑게르한스Paul Langerhans라는 독일의 한 의대생이 발견하여 이를 '랑게르한스섬'이라고 부르는데요. 여기에 있는 베타 세포가 혈당을 낮추는 인슐린을 분비하고, 반대로 알파 세포는 혈당이 떨어졌을 때 간에 저장된 글리코겐을 분해해 포도당을 만들어 혈당을 높여주는 글루카곤을 분비합니다. 이 두 가지가 우리 몸에서 혈당을 조절하는 중요한 호르몬들입니다.

사실 조금은 억울할 만한 부분도 있는데요. 백인의 췌장은 동양인과 비교했을 때 $10cm^3$ 정도 더 크다고 합니다. 서울대학교병원의 연구에서는 백인 췌장의 베타 세포가 동양인에 비해 밀도가 더 높다는 비교 실험 논문을 발표하기도 했습니다. 실제로 백인의 췌장이 평균적으로 더 크다는 건 부검 현장에서도 눈으로 확인하고 체감하게 됩니다.

즉 동양인은 췌장의 베타 세포 차이 때문에 혈당 조절에 비교적 취약하고 당뇨병에 더 잘 걸릴 수 있다는 뜻입니다. 그러니까 외국의 쇼츠 폼 영상처럼 커다란 도넛을 서너 개씩 먹으며 췌장을 너무 혹사하면 곤란하겠죠.

회사에서 유독 스트레스를 받은 날, 또 중요한 프로젝트가 끝나서 자신에게 보상을 주고 싶은 날이라면 어떤 음식을 드실 건가요? 아마 당근이나 브로콜리보다는 치킨이나 삼겹살처럼 기름진 음식을 실컷 먹고 싶다고 생각하는 분이 많을 겁니다. 기름진 음식을 많이 먹고 나면 못내 죄책감이 따라오지만 때로는 건강보다 혀끝의 쾌락을 선택하는 게 인간인 것 같습니다. 기름진 음식을 잔뜩 먹으면 우리 몸은 어떻게 소화시킬까요?

췌장의 핵심적인 또 다른 역할이 바로 소화 기능입니다. 우리가 달고 기름진 음식을 먹으면 췌장은 소화액을 분비하여 음식물을 분해하고 흡수를 돕습니다. 췌장을 확대해보면 마치 나무처럼 생긴 세포에서 소화액을 생성합니다. 그게 췌장관을 통해서 십이지장으로 흘러가는데 이때 담즙이 내려오는 담관도 하나로 연결되어 함께 이동하게 됩니다. 여기서 소화액이 담즙과 함께 작용하며 소화를 본격적으로 시작하죠.

췌장이 분비하는 소화액은 탄수화물과 지방, 단백질을 분해합니다. 탄수화물을 분해하는 효소는 아밀라아제, 단백질을 분해하는 효소는 트립신, 지방을 분해하는 효소는 리파아제라고 부릅니다. 물론 담즙도 지방을 분해하는 역할을 하지만 이때 리파아제가 함께 작용해야 뚱뚱하고 커다란 지방을 제대로 잘게 분해하고 소화시킬 수 있습니다. 즉 췌장이 제 역할을 하지 못하면 우리 몸의 필수영양소인 '탄단지'를 제대로 흡수할 수가 없게 되는 겁니다.

스스로를 녹여버리는 급성췌장염

췌장은 위와 십이지장이 만나는 굴곡진 지점에 위치합니다. 우리 몸을 정면에서 봤을 때는 위의 뒤쪽, 2번 허리뼈 앞쪽으로 깊숙이 자리하고 있기 때문에 손으로는 거의 만져지지 않고 초음파검사로도 잘 보이지 않습니다. 길이는 약 10~15cm, 무게는 100~120g 정도의 길쭉한 나뭇잎 모양인데 만져보면 질긴 생고기 같은 느낌이 납니다.

췌장의 끝에는 비장이 달라붙어 있고, 간에서 내려오는 담관도 췌장으로 연결됩니다. 구조적으로 다른 장기들과 밀접하게 연결되어 함께 협업을 하기도 하지만, 염증이나 결석 등 근처 장기에 문제가 생기면 그만큼 쉽게 영향을 받기도 합니다.

실질적으로 췌장에 흔하게 나타나는 질병은 암보다도 염증, 즉 급성췌장염입니다. 췌장염에 걸리는 가장 흔한 원인은 담낭의 결석인데요. 췌장에서 분비하는 소화액과 담낭에서 분비하는 담즙이 같은 관을 타고 십이지장으로 넘어가야 하는데, 담낭에 결석이 있으면 담즙이 역류하여 췌장염의 원인이 됩니다. 그렇게 되면 췌장에서 분비하는 소화액이 제대로 흘러가지 못하고 밖으로 새어버립니다.

 췌장의 소화액이 '탄단지'를 분해한다고 했죠? 그런데 우리 몸의 장기도 결국 탄수화물, 단백질, 지방으로 구성되어 있습니다. 그러니까 췌장이 스스로를 녹여버리게 되는 겁니다. 당연히 엄청나게 아프고 고통스럽습니다.

 또 부검했을 때 췌장이 안 좋은 사람들은 대개 알코올을 즐겨 드시던 분들입니다. 술은 췌장을 자극하여 소화효소의 과잉 분비를 유발합니다. 간만 나빠지는 게 아니라 췌장에도 악영향을 주는 거죠. 그 외에 고지혈증이 있는 경우에도 췌장에 지나친 부담이 가면서 탈이 나기 쉽습니다.

침묵 속에서 고개를 드는 췌장암

췌장염이 췌장암보다 흔하다고 했지만, 췌장암도 발병 비율이 아주 낮은 것은 아닙니다. 암으로 인한 사망원인을 살펴보면 1위 폐암, 2위 간암, 3위 대장암에 이어 4위가 췌장암입니다. 더 무서운 점은 췌장암은 발견하기도 어렵지만 치료하더라도 예후가 상당히 좋지 않은 편에 속하는 '나쁜 암'이라는 사실입니다.

 췌장암의 가장 흔한 형태는 소화액을 분비하는 췌관선이라는 부위에 암세포가 번식하는 것입니다. 유일한 치료법은 외과적 절제라고 보지만, 췌장암은 많은 임상의사의 노력에도 불구하고 수술 후 완치율이 상당히 좋지 않은 편에 속합니다. 주변에 다른 장기들이 복합적으로 얽혀 있어 전이도 빠르기 때문에 애초에 진단 시점에서 수술이 가능한 경우도 많지 않고요.

 그러니까 췌장에 문제가 생기기 전에 예방하는 것이 더더욱 중요할 수밖에 없습니다. 췌장을 위협하는 가장 큰 위험인자는 단연 흡연입니다. 흡연자는 비흡연자에 비해 췌장암 발생률이 2~3배가량 높다고 알려져 있습니다. 담배는 그야말로 백해무익하지만 췌장암에서도 압도적인 위험 요소입니다. 또 혈당을 급격히 올리는 음식, 술, 지방이 지나치게 많은 음식도 췌장에 부담을 주므로 균형 잡힌 영양소의 건강한 식단을 섭취하고, 꾸준한 신체 활동으로 체중 관리를 하는 것도 중요합니다.

 췌장은 뱃속 깊숙이에서 묵묵히 일하며 소화와 혈당을 책임져주지만, 한번 무너지면 무관심의 대가를 톡톡히 치러야 합니다. 가끔 좋은 사람들과 술 한 잔 정도는 괜찮겠지만, 건강한 습관을 루틴으로 자리 잡게 하는 게 가장 좋습니다.

몸 전체의 생존을
결정짓는다

VOL.12

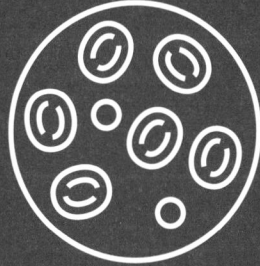

혈액

REPORT OF INVESTIGATION BY MEDICAL EXAMINER

CASE NUMBER __12__   PARTS __Blood__

DESCRIPTION OF BODY

SEX __male__   AGE __43__   DATE OF BIRTH __1982/222__

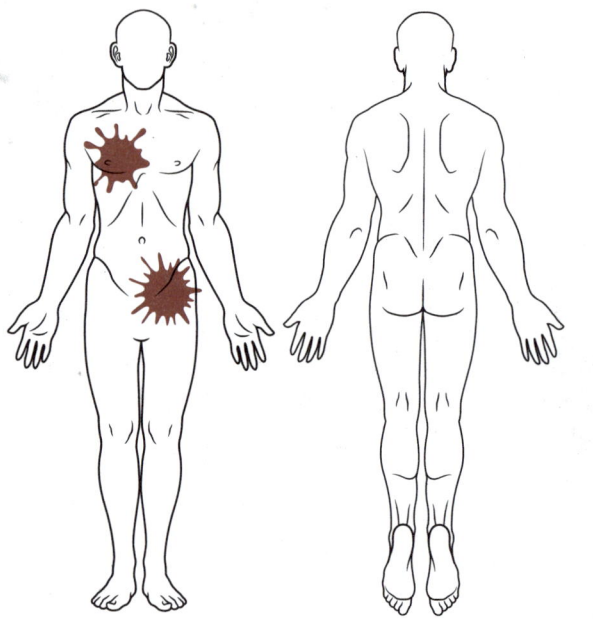

CAUSE OF DEATH

Exsanguination, femoral artery

- 넓적다리 대퇴동맥이 절단되어 대량 출혈 발생

- 사망 원인은 다리 자상으로 인한 급격한 출혈(실혈사)

혈액

☑ CASE

조용하던 연구실, 책상 위 전화기가 요란하게 울렸다.

"교수님, KBS 윤 기자입니다. 군대 사망 사건 보셨나요? 빵을 먹다가 질식사했다는데…… 부검 사진이 이상해서요."

기자는 부검 사진과 감정서를 내 이메일로 보냈고, 나는 곧장 열어봤다.

사진 속 일병의 온몸에는 넓은 멍 자국이 가득했다. 단순한 질식사로 보기에는 손상의 범위가 너무 컸다.

기자는 다시 전화를 걸어왔다.

"교수님, 어떻게 보셨어요?"

나는 조심스레 말했다.

"기도 폐색보다는 외상성 쇼크일 가능성이 높습니다."

심폐소생술 중 입안에서 음식물이 나오는 건 사후 현상일 수 있다. 진짜 원인은 몸 곳곳의 좌멸성 손상, 반복된 구타였다. 방송에서는 내 결론만 나갔고, 군검찰이 재조사에 나섰다.

결국 밝혀진 건 단순 사고가 아닌 참혹한 폭행이었다. 말이 느리다고, 물을 덜 마셨다고 구타를 당했고, 기절한 뒤에도 '꾀병'이라며 폭행은 계속됐다. 뉴스의 한 줄로는 다 담을 수 없는 진실이었다.

※ ※ ※

혈액은 심장에서 출발해 전신으로 우리 몸에 꼭 필요한 산소나 영양분을 전달하는 일을 합니다. 우리 몸에서는 매 순간 혈액이 흐르고 있기 때문에 손가락을 바늘에 찔리기라도 하면 바로 빨간 피가 새어 나오죠. 일어나서는 안 되는 칼부림 사건이 일어나면 당연히 훨씬 많은 양의 피가 흘러나오고, 이는 사망으로 이어질 수도 있습니다. 법의학자는 여러 이유로 과다 출혈이 발생해 사망하는 사건을 자주 목격하게 됩니다.

반면, 눈에 보이는 출혈이 없어도 혈액 자체의 성분 이상으로 사망에 이를 수 있습니다. 대표적인 예가 바로 당뇨병입니다. 혈당이 비정상적으로 높아지면 서서히 전신의 시스템이 무너지고, 말 그대로 혈액의 불균형만으로도 사람이 죽음에 이르는 상황이 벌어집니다. 외부의 충격이든, 내부의 대사 불균형이든 혈액은 몸 전체의 생존을 결정짓는 핵심 요소입니다.

우리 몸이 1리터의 피를 흘린다면

제가 경험한 법의학 사례 중에서 경쟁 관계에 있던 자영업자 사이의 갈등이 폭력으로 이어져 상대방의 다리를 칼로 찔러 사망에 이르게 한 사건이 있었습니다. 당시 피해자는 길거리 한복판에서 넓적다리를 세 군데 찔렸고, 15초 정도 걸어가다가 그대로 자리에 쓰러져 사망했습니다. 가해자는 "불구로 만들 생각이었을 뿐, 다리를 찔렀는데 죽을 줄은 몰랐다"라고 주장했죠.

 부검 결과, 피해자는 대퇴동맥이 절단된 상태였습니다. 넓적다리 안쪽을 지나는 대퇴동맥은 지름이 약 0.7~1cm에 달합니다. 심장이 120mmHg의 압력으로 혈액을 짜내어 전신으로 보내주고 있으니, 계산해보면 직경 1cm의 동맥이라고 했을 때 초당 55ml, 분당 3.3L의 혈액이, 동맥의 직경이 0.7cm라고 하더라도 초당 20~30ml, 분당 약 2L의 혈액이 유출되는 겁니다. 말 그대로 엄청난 양의 피가 쏟아졌을 테고, 이와 같은 급속한 출혈은 1분이 되지 않는 시간에도 빠르게 생명을 앗아갈 수 있습니다.

 이처럼 타인의 폭력으로 심한 외상과 대량 출혈이 발생한 사건에 대해서는 궁극적으로 법정에서 형법상 고의성 여부를 가리게 됩니다. 우리 법에서는 가해자가 '죽일 의도가 없었다'고 보이면 상해치사죄, 고의라 인정되면 살인죄가 선고됩니다. 이때 정확한 의도가 어땠는지 그 속마음까지는 들여다볼 수 없으니 동기, 흉기의 종류, 공격 부위, 반복성 등 여러 요소를 종합적으로 고려해 판단하죠.

그러나 법정에서의 판단과 별개로, 법의학자의 관점에서는 누군가를 칼로 찌르는 것은 어느 부위든 상관없이 혈관에 손상을 입히는 행위라는 점에 주목하게 됩니다. 특히 넓적다리를 깊게 찌르고 베어서 깊고 굵은 혈관을 절단한 행위에서 죽음의 위험을 연상하지 않기는 도저히 어려운 일입니다.

사람은 왜 피를 흘리면 죽을까?

출혈로 인해 사망하게 되는 데는 크게 두 가지 이유가 있습니다. 첫째는 주요 장기의 손상, 둘째는 전신 기능의 장애입니다.

주요 장기 손상으로 인한 사망

생존에 절대적으로 필요한 장기, 즉 손상을 입으면 사망하게 되는 장기로는 심장과 뇌를 꼽을 수 있습니다. 심장과 뇌는 그 자체가 멍들거나 손상되는 것도 위험하지만, 주변의 손상으로도 사망에 이를 수 있습니다.

    우선 뇌는 손으로 만져보면 부침용 두부처럼 몰캉하고 부드러운 촉감으로 되어 있습니다. 멍이 들면 부풀어 오르며 쉽게 망가질 수 있는 연약한 조직입니다. 뇌는 세 개의 막과 머리뼈로 둘러싸여 있는데 매우 촘촘한 공간이라서, 뇌가 아니라 그 주변에 출혈이 생기더라도 뇌를 압박합니다. 채 200ml도 되지 않는 출혈만으로도 뇌가 눌리며 사망할 수 있죠.

    심장도 마찬가지입니다. 심장에는 전류가 흐르고 있는데 멍이 들면 그 전선이 끊기는 상황이라고 보면 됩니다. 그래서 운전할 때 사고가 나면 운전대에 가슴을 쿵 부딪히며 심장이 좌상을 입고 그대로 사망하는 경우가 많습니다. 또 심장을 감싸는 주머니 같은 심낭에 피가 고이면 심장이 수축하고 이완할 수 있는 공간이 없어지면서 펌프 기능을 멈추게 됩니다. 이것을 심장눌림증Cardiac Tamponade이라고 하는데 이 역시 급사 원인 중 하나입니다.

전신 기능 장애로 인한 사망

출혈로 사망하게 되는 또 다른 원인은 전신의 세포가 산소와 영양소를 공급받지 못하고 쇼크가 오면서 사망하는 경우입니다.

보통 혈액은 체중 1kg당 75~80ml, 그래서 성인의 몸무게 70kg 기준으로 전신의 혈액은 약 5~5.5L입니다. 그중 얼마나 피를 흘리면 죽게 되는 걸까요? 전체의 20~25% 정도인 1~1.5L의 피를 급속하게 흘리면 사람은 순식간에 목숨을 잃습니다. 심장에서 혈액을 공급받아 전신으로 보내야 하는데, 혈액량이 줄어들면 산소와 영양분을 태워 보낼 캐리어가 부족해지기 때문입니다. 이를 가장 주된 쇼크인 저혈량성쇼크라고 합니다.

일반인이 1L 넘는 피를 흘릴 일은 거의 없지만, 법의학자는 각종 사건사고로 이런 경우를 적지 않게 봅니다. 이렇게 피를 많이 흘리면 장기는 매우 창백해져 있습니다. 특히 콩팥은 혈관 덩어리가 필터 위에 얹어진 형태인데, 혈액의 양이 줄어드니 콩팥의 색 자체가 연하게 보입니다.

또 겉으로 피를 줄줄 흘리지 않아도 강한 타격 등으로 지방이나 근육 등의 조직이 멍들고 으깨지면 외상성쇼크가 올 수 있습니다. 피부 안에서 지방과 근육 조직이 손상되고, 이 죽은 조직에서 혈관도 망가져 피가 줄줄 새게 되는 것입니다. 저혈량성쇼크처럼 급속히 혈액을 잃는 상황은 아니지만 주먹만 한 크기로 피멍이 들고 조직이 죽게 되면 혈액의 10%, 약 500ml가 새어 나갑니다. 이런 상처가 세 군데만 있어도 1.5L의 혈액이 빠져나가 사망에 이르는 것이죠.

앞선 사례도 바로 이런 경우였습니다. 2014년, 육군에 복무 중이던 윤 일병이 선임병들의 집단 구타와 가혹 행위로 사망한 사건을 기억하실 겁니다. 윤 일병 사건도 장기간 상습적인 폭행과 구타가 이어졌던 것으로 드러나 사회적으로도 큰 충격을 안겼죠.

이처럼 전신의 구타로 인해 수많은 멍이 들고 조직이 좌멸되면 몸에서 혈액을 생성하는 속도가 이를 따라잡지 못하고 외상성쇼크로 사망하게 됩니다. 그러니까 사람이 사람을 때리는 행위를 구체적으로 들여다보면 멍들고 다친다는 단순한 묘사로 끝나지 않습니다. 이는 혈관을 찢고, 장기의 기능을 손상하고, 몸의 정상적인 흐름을 망가뜨리는 일입니다. 어떤 이유에서라도 그런 일이 일어나서는 안 되겠죠.

이외에도 넓적다리나 팔, 다리, 골반 등의 큰 뼈가 부러졌을 때 그 안의 골수나 지방이 혈관을 막아 지방색전증이 생길 수 있습니다. 출혈 부위로 세균이 들어가 전신이 감염되는 패혈증이나 패혈성 쇼크도 전신 기능 장애에 해당합니다.

사망에도 이르게 되는 고혈당증

출혈처럼 눈에 보이는 사고는 우리가 쉽게 사망 원인으로 인식

합니다. 피를 1L 이상 흘리면 죽을 수도 있다는 사실은 직관적으로 쉽게 와닿습니다. 그런데 피를 흘리지 않아도 혈액이 서서히 우리 몸을 망가뜨릴 수 있습니다.

아마 요즘에는 혈당 관리라는 키워드에 익숙한 분이 많을 겁니다. 건강과 다이어트에 대한 관심으로 공복이나 식후의 혈당 수치를 신경 쓰는 분이 많아졌죠. 원래 식사 후에 일시적으로 혈당이 오르는 것은 매우 자연스러운 현상입니다. 우리 몸은 일반적으로 혈당이 오르면 인슐린이 분비되어 포도당을 간이나 근육, 지방세포 등 당이 필요한 곳으로 배달해주게 됩니다.

그런데 인슐린이 제대로 분비되지 않거나, 인슐린 저항성이 높아져서 세포들이 당을 받아들이지 않으면 어떨까요? 혈당이 떨어지지 않고 계속해서 높은 채로 유지될 겁니다. 이것이 바로 당뇨병의 시작입니다.

우리나라 30세 이상의 성인 중에서 약 550만 명 이상이 당뇨병을 앓고 있다고 합니다. 당뇨병은 병원에서 약을 처방받고 꾸준히 관리해야 하는 만성질환이지만, 당장 일상생활이 어려울 만큼 심각한 문제가 생기는 건 아닙니다. 하지만 방심은 절대 금물이죠. 혈당이 제대로 조절되지 않으면 우리 몸은 서서히 이상 신호를 보내기 시작합니다.

당뇨병이 없어도 식후에 공복혈당보다 50mg/dL 이상 상승하거나 식후 혈당이 140mg/dL 이상으로 상승하면 혈당스파이크라고 정의하는데, 향후 당뇨병으로 진행될 가능성이 높아져 경계해야 합니다. 만약 당뇨병이 된다면 환자에게 발생하는 '고혈당증'은 매우 심각한 문제입니다. 고혈당증이란 혈액 내의 포도당 농도가 정상보다 높은 상태를 말합니다. 8시간 이상 공복 시의 혈당이 126mg/dL 이상이거나 식후 2시간 뒤에 200mg/dL 이상이면 고혈당이라고 합니다. 이 경우 갈증, 잦은 소변, 피로감, 시야 흐림 등의 증상이 나타납니다.

더 중요한 점은 고혈당 자체는 불편함 외에 크게 위협적이지 않아 보일 수 있으나, 실제로는 생명을 위협하는 두 가지 위중한 상태로 이어질 수 있다는 사실입니다.

먼저 2형 당뇨병 환자에게는 고삼투압성 고혈당 증후군이 많이 발생합니다. 혈당이 올라가면서 혈장의 삼투압이 높아지고 극심한 탈수를 유발하는 겁니다. 고혈당 상태가 유지되면 콩팥에도 문제가 생기고, 심하면 혼수상태에 빠지기도 합니다. 주로 평소 식생활에 탄수화물의 비중이 70% 이상으로 지나치게 높은 분들, 운동량이 너무 적은 분들, 특히 60대 이상의 노령자에게서 자주 나타나는데요. 수치로는 혈당이 600mg/dL 이상이 되면 고삼투압성 고혈당 증후군이 생기게 됩니다.

평소에 인슐린주사를 맞으며 잘 관리하면 일상생활에 별문제가 없습니다. 하지만 관리에 소홀하거나 심한 스트레스를 받으면서 혈당이 높아져 결국 목숨을 잃은 케이스를 부검하면서 꽤 많이 봤습니다. 사망 후에는 혈액 속의 적혈구나 백혈구가 깨져서 정확히 확인하기 어렵다 보니, 부검을 할 때는 안구에서 혈당 수치를 재어 사인을 확인합니다. 동그란 안구에 담긴 맑은 안구액을 조금 추출하여 혈당을 체크했을 때 600mg/dL 정도가 되고, 배에 인슐린주사를 맞은 흔적이 있다면 당뇨병을 앓은 분이라고 진단할 수 있는 것이죠.

고혈당증의 또 다른 위험은 당뇨병성 케토산증으로 1형 당뇨병에서 주로 발생합니다. 인슐린이 부족하면 당이 세포에 흡수되지 못하고, 대신 우리 몸은 지방을 에너지원으로 사용합니다. 이때 지방이 분해되면서 케톤이라는 유기화합물이 생성되는데요. 이 케톤이라는 산성 물질이 과하게 축적되면 몸속 혈액의 pH가 낮아지고 대사성 산증이 생깁니다. 심해지면 혼수상태에 빠지거나 사망에 이를 수 있습니다.

이때 자기 몸의 상태를 잘 알고 미리 치료하면 큰 문제가 되지 않는데, 1형 당뇨병은 본인이 잘 모르는 경우가 제법 있다는 것이 문제입니다. 혈당이 올라가면 한겨울에도 덥다고 느끼기 때문에 이런 분들은 추운 날씨에도 옷을 벗는 행동을 하게 됩니다. 사망 전에 그 같은 행동을 보였을 때 안구에서 혈당을 재어

보면 굉장히 높은 경우가 많죠. 실제로 1형 당뇨병으로 사망하여 부검을 진행한 케이스 중에 젊은 청년층이 꽤 많았습니다. 평소에 자신도 몸이 안 좋다고 느끼기는 했지만, 당뇨병 때문이었다는 사실은 사망 후에나 밝혀지게 된 겁니다.

만약 평상시에 갈증이 많이 나고, 소변을 자주 보고, 피로감이 밀려오고 시야가 흐려진다면 반드시 가까운 내과나 가정의학과에 방문해 혈당검사를 해봐야 합니다. 자신도 모르게 죽음이 코앞에 닥쳐 있는 초응급 상태일 수도 있습니다.

당뇨병의 숨은 위험, 3대 합병증

당뇨병 때문에 혈당이 높아졌을 때 제대로 치료받지 않으면 가장 먼저 문제가 생기는 기관이 바로 혈관입니다. 고혈당은 혈관 내피에 염증을 일으키고 산화반응을 촉진하여 혈관을 손상하기 시작합니다. 그런데 혈관은 우리 몸의 머리부터 발끝까지 구석구석 뻗어가며 흐르고 있죠. 그러니까 당뇨병은 우리 몸 곳곳에 다양한 합병증을 불러올 수 있다는 뜻입니다. 특히 미세혈관의 손상으로 인한 3대 합병증이 대표적입니다.

첫 번째는 당뇨병성 신장병증입니다. 콩팥은 혈관이 촘촘한 필터처럼 기능하는 장기로, 혈액 속 노폐물을 걸러내고 나트륨과 칼륨 등 전해질을 조절하는 중요한 역할을 합니다. 그런데 혈관이 손상을 입으면 이 기능이 떨어지면서 신장병이 생깁니다. 신장병은 1기부터 5기로 진행되는데 말기인 5기까지 진행되면 혈액투석을 받아야 합니다.

두 번째로 당뇨병성 신경병증이 생깁니다. 신경에도 미세한 혈관이 흐르는데 이 혈관이 망가지면 신경이 죽게 됩니다. 감각이 없어지니 어딘가에 부딪혀도 통증이 느껴지지 않는 상태가 되는 겁니다. 그럼 아프지 않으니 좋은 게 아닌가 싶을 수도 있지만, 염증이 잘 생기고 손상을 입어도 잘 낫지 않아 조직이 괴사되기도 합니다. 이로 인해 발에 생기는 '당뇨발'은 매우 심각한 합병증인데, 심하면 발의 절단으로 이어질 수도 있습니다.

세 번째는 당뇨병성 망막병증입니다. 눈의 망막은 10여 개의 얇은 층으로 이루어져 있고 그 사이로 층층이 혈관이 분포합니다. 이 혈관이 막히면 망막이 제 기능을 하지 못하여 시력을 잃을 수 있습니다. 이 망막병증은 드물지 않게 발병하며 성인 실명의 주요 원인 중 하나로 꼽힙니다.

이처럼 당뇨병은 안과, 신장내과, 신경과 등에 걸쳐 다양한 문제를 야기하며 이외에도 심근경색이나 뇌졸중 같은 대혈관 합병증, 면역 저하에 의한 패혈증 사망 등의 위험도를 높입니다. 그 근본적인 원인은 바로 혈관 손상에 있습니다.

혈당 관리, 귀찮지만 확실한 생존 전략

우리 몸은 태어날 때부터 지금까지 오랫동안 운영해온 공장과 같습니다. 아무리 좋은 기계라도 관리하지 않으면 녹슬고 고장이 나듯, 우리 몸도 지속적인 점검과 유지보수가 필요합니다. 다행히 이 공장을 잘 운영하는 방법이 그리 복잡하지는 않습니다.

식단에서 탄수화물은 50~55% 정도로 유지하고, 적당한 운동과 양질의 수면을 취하며 체중을 관리하는 겁니다. 술과 담배를 끊고, 식사할 때는 채소와 단백질을 먼저 먹은 뒤 천천히 꼭꼭 씹는 습관을 들이고, 식후에는 15분 이상 가볍게 몸을 움직여주면 좋습니다. 너무 뻔한 이야기지만 당뇨병 예방의 핵심은 결국 이게 전부입니다. 일회성 명약보다 평생 함께하는 생활 습관이 훨씬 중요한 것이 어쩔 수 없는 현실이니까요.

40~50대에 접어들면 건강검진을 주기적으로 받고, 규칙적으로 혈당을 모니터링해주는 것도 필요합니다. 일상에서도 뭔가 문제가 있다고 느껴지면 즉시 의사를 만나야 합니다. 당뇨병이 오더라도 의사를 정기적으로 만나고 약물을 꾸준히 복용하는 분들에게는 그리 두려운 병이 아닙니다. 물론 당뇨병에 걸리지 않는 게 제일 좋겠지만요.

혈액은 단순히 몸속을 흐르는 액체가 아니라 생명을 유지하는 시스템입니다. 피를 흘리는 것도, 피의 성분이 무너지는 것도 모두 죽음으로 이어질 수 있다는 점에서 혈액을 이해하는 일은 삶을 지키는 일이기도 합니다.

각자의 몸에 새겨진
고유한 설계도

VOL.13

DNA

REPORT OF INVESTIGATION BY MEDICAL EXAMINER

CASE NUMBER ____13____   PARTS ____DNA____

DESCRIPTION OF BODY

SEX ____male____   AGE ____55____   DATE OF BIRTH ___19700428___

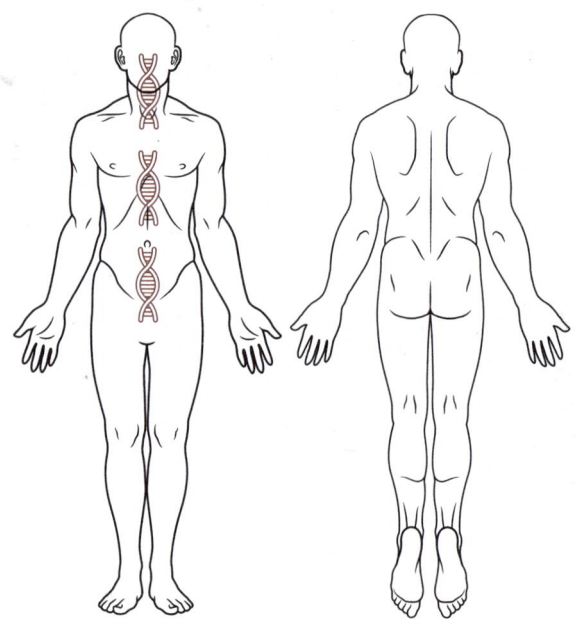

CAUSE OF DEATH

| Undetermined |
| - 지문 및 치아를 통한 신원 확인 불가능으로 DNA 감식 시행 |
| - 사망 원인은 불명 |

　미국 범죄 수사 드라마 〈CSI〉를 보면 살인사건이 일어났을 때 제일 먼저 신원을 확인합니다. 그런데 피해자의 신원을 바로 알 수 없어서 초반부터 수사가 난항에 빠지는 상황이 심심치 않게 나옵니다. 물론 스토리 전개상 피해자의 정보를 숨겨야 할 수도 있겠지만, 우리나라의 수사 시스템에서는 다소 와닿지 않습니다. 우리나라는 주민등록증을 포함한 개인식별시스템이 굉장히 잘되어 있어서 시신을 발견했을 때 신원을 몰라 수사가 지연되는 일은 거의 없으니까요.

　그런데 사진이나 주민등록번호보다 더 정확한 개인의 신분 정보라고 할 수 있는 것이 바로 DNA입니다. DNA는 한 생명체의 설계도이자 프로그램을 이루는 코드이고, 빼곡한 글씨로 적힌 개인정보 리스트이기도 합니다. 꾸준한 연구를 거듭해 현재는 유전질환 연구나 생명과학, 과학수사나 법의학 등에서도 굉장히 강력한 도구로 사용되는데요. DNA란 도대체 무엇이고 어떻게 개인을 특정할 수 있는지, 또 범죄 수사나 부검에서는 어떻게 쓰이는지 최대한 쉽게 살펴보겠습니다.

신원을 확인하는 강력한 증거

1968년, 북한 무장 공비 31명이 비무장지대를 뚫고 서울로 침투한 사건이 있었습니다. 당시 대통령이었던 박정희를 암살하기 위해서였죠. 이들은 청와대 근처에서 시민의 신고로 발각되어 전원 사살되거나 체포됐고, 유일하게 김신조라는 사람만 생존하여 이를 '김신조 사건'이라고 부르기도 합니다.

이 사건 이후에 정부는 큰 충격을 받았습니다. 적이 서울 한복판으로 침투해오는데도 상대가 대한민국 사람인지 아닌지 구별할 만한 관리 체계가 없었다는 걸 깨달았던 겁니다. 그래서 1970년에 주민등록법이 개정되었는데, 이 개정의 골자는 단 한 명의 국민도 빠짐없이 신분을 등록하는 것이었고, 이때부터 성인이 되면 누구나 지문을 등록하고 주민등록증을 발급받게 되었습니다.

다만 우리나라에서도 개인식별이 안 되는 경우가 있습니다.

불법으로 들어온 외국인일 경우, 혹은 사망자가 아이일 경우에는 신원을 바로 알기 어렵습니다. 이럴 때 현대 법의학에서 신원을 확인하는 가장 강력한 증거 세 가지가 있습니다. 첫째는 지문, 둘째는 치아, 세 번째는 바로 DNA입니다. 세 가지 중에서 하나만 일치해도 신원을 특정할 수 있는 강력한 증거가 됩니다. 따라서 이 세 가지를 법의학에서는 '주요한 개인식별자Primary Identifier'라고 부릅니다.

이례적으로 세 가지 검사를 모두 진행한 사례가 있었습니다. 2014년, 세월호 참사로 온 국민이 충격에 빠졌을 때 세월호의 실질적 책임자이자 세모그룹 회장이었던 유병언 씨의 행방에 관심이 집중됐습니다. 당시에 그의 행방이 불분명하여 일각에서는 국정원이 빼돌렸다는 소문까지 나돌았습니다. 그러던 중, 전남 순천의 한 야산에서 웬 부패한 시신이 발견됐습니다.

시신이 발견되면 검시 과정에서 가장 먼저 해야 할 일은 신원확인이지만, 부패가 극심해 지문 채취조차 어려운 상태였습니다. 이에 경찰은 국과수에 DNA 감식을 의뢰했고, 일반 조직이 아닌 뼛속 골수에서 비교적 손상되지 않은 DNA를 추출해 분석을 진행했습니다. 그렇게 한 달가량 시간이 걸려 DNA 데이터베이스에서 감식 결과가 나왔는데 모두가 깜짝 놀랐죠.

그 시신의 정체가 온 국민이 그토록 찾은 유병언이었던 겁니다. 이 사실은 삽시간에 청와대를 비롯한 모든 관련자에게 전달됐습니다. 하지만 유병언의 도주로 국민들의 불신이 워낙 심했던 터라 DNA 검사만으로는 의심을 불식하기 어려웠습니다. 그래서 여기에 쪽지문과 치아 감식까지 병행하여 유병언의 신원을 최종으로 확정하고 발표할 수 있었습니다.

법의학에서 신원을 식별하는 도구로 사용되는 DNA가 정확히 무엇일까요? 우리는 일반적으로 시각 정보를 바탕으로 사람을 식별합니다. 그런데 이것은 매우 부정확한 방법이죠. 아는 사람이라도 한밤중에 어두운 곳에서 마주치거나 원래 안경을 쓰던 사람이 안경을 벗으면 언뜻 상대를 알아보기 어려울 때가 있습니다. 특히 사망자의 경우에 시신의 변형이 생기면 생전 모습을 정확히 알아보기가 쉽지 않습니다.

이와 관련한 대표적 사례가 미국의 이노센스 프로젝트 Innocence Project입니다. '무죄 프로젝트' 즉, 억울하게 유죄판결을 받은 용의자들의 결백을 밝혀내는 프로젝트명이자 인권단체명입니다. 이는 1992년 미국의 형사방어변호사 배리 셰크Barry Scheck, 피터 노이펠드Peter Neufeld가 주도하여 뉴욕 예시바대학의 카도조 로스쿨Yeshiva University Cardozo School of Law에 설립됐습니다. 설립자들은 당시에 흑인들이 다른 인종에 의해 가해자로 목격되거나 지목되어 감옥에 가는 일이 많다는 사실에 의문을 품었습니다. 그리고 연구를 거쳐 타 인종이 자신과 같은 인종이 아니라 타 인종을 식별하는 일은 동일 인종에 비해 정확도가 떨어진다는 사실을 확인했습니다.

그렇게 실제로 DNA 검사를 해보니 3년간의 수감자 중에서 100여 명이 실은 무죄였다는 사실이 판명 났죠. 이를 통해 2024년 기준으로 300명 이상의 사형수, 종신형 복역자가 무죄로 석방됐습니다. 가장 오래 복역한 무죄판결자가 35년이라니 얼마나 억울했겠습니까. 물론 사법 시스템에서 목격자의 진술이 의미 없다는 뜻은 아닙니다. 다만 우리 눈의 식별력은 생각보다 오독할 가능성이 높아 경계할 필요가 있다는 겁니다.

그에 비해 DNA는 우리가 어떤 사람의 정체성을 구분하는 얼굴, 체형, 말투보다 훨씬 정확한 판별법이라고 할 수 있습니다. 현재는 FBI에서도 앞서 말씀드린 '주요한 개인식별자'인 지문, 치아, DNA를 신원확인의 가장 중요한 기본 요소로 지정하고 있습니다.

DNA란 무엇인가

DNA란 쉽게 말해서 컴퓨터 프로그램이라고 생각해볼 수 있습니다. 컴퓨터에서 한글이나 워드 프로그램을 실행하려면 컴퓨터 언어로 짜인 코드가 있어야 하는 것처럼, DNA도 일정한 규칙을 가진 일종의 코드로 형성되어 있습니다.

그 코드를 이루는 언어가 바로 뉴클레오티드^{Nucleotide}입니다. 하나의 뉴클레오티드는 5탄당, 인산(P), 염기로 이루어져 있습니다. 5탄당은 다섯 개의 각 모서리마다 C(탄소)가 붙어 있는 오각형 모양입니다. 그 모서리 한쪽 끝에는 P(인산)이 붙어 있는데, 이 형태를 데옥시리보스라고 합니다. 5탄당의 한가운데에는 보석을 박아놓은 것처럼 염기가 들어갑니다. 염기는 아데닌(A), 티민(T), 구아닌(G), 시토신(C) 네 종류가 있고, 뉴클레오티드마다 그중 한 가지의 보석이 박혀 있습니다.

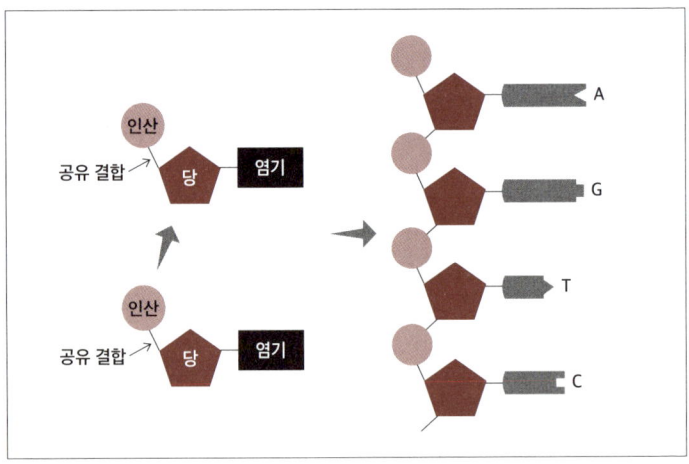

● 뉴클레오티드의 구조

이 뉴클레오티드가 체인처럼 연결된 단위를 DNA라고 하며, DNA는 이들 염기가 쌍을 이루는 이중나선 구조로 세포의 핵 속에 존재합니다. 우리 몸을 이루는 각 세포의 핵마다 뉴클레오티드가 어마어마하게 들어 있는데, 과연 그 수가 얼마나 될까요? 세포 하나당 무려 32억 쌍입니다.

그런데 32억 쌍이나 되는 뉴클레오티드가 하나의 긴 사슬로 연결되어 있으면 너무 비효율적이겠죠. 그래서 이 사슬은 제각기 길고 짧은 23개의 조각으로 나뉘어 있고, 그 각각을 염색체라고 부릅니다. 각각의 조각은 1번, 2번, ……, 22번 염색체로 이어지고 마지막 하나는 성별을 결정하는 X 또는 Y 염색체입니다.

우리는 이 염색체 세트를 부모에게서 각각 하나씩 물려받기 때문에 총 46개의 염색체를 갖게 됩니다. 즉 우리 몸의 세포 하나에 32억 개씩 두 가닥의 뉴클레오티드가 있으니 총 64억 개나 존재하는 셈입니다. 이 DNA의 전체 구성, 즉 인간의 유전정보를 모두 모아 부르는 용어가 바로 게놈genome입니다.

지구상의 단 한 사람을 가리키는 DNA

엄청난 수의 뉴클레오티드로 이루어져 있는 DNA를 사람마다 비교해보면 얼마나 다를까요? DNA는 고유 식별 코드이지만 놀랍게도 모든 사람은 99.9%의 동일한 DNA를 가지고 있습니다. 즉 DNA의 99.9%는 모든 인간이 공유한다는 뜻인데요. 32억 개 중에 단지 0.1%인 320만 개만이 차이를 갖고서 각자의 고유성을 만들어내는 것입니다. 차은우와 저도 오직 0.1%인 320만 개만 차이가 있다는 것이지요. 하하!

게다가 사람과 침팬지는 98%가 동일하고, 심지어 생쥐와도 80%가 같습니다. 우리가 항상성을 유지하고 살아가게 해주는 생명의 메커니즘은 동물과 사람이 크게 다르지 않다는 이야기입니다.

더 놀라운 사실이 있습니다. 이 많은 DNA는 다 어떤 역할을 하는 걸까요? 64억 개의 뉴클레오티드 중에서 단백질을 만들거나 호르몬을 생성하는 등 직접적인 '기능'을 하는 부분은 단 2%에 불과합니다. 나머지 98%는 어떤 기능도 하지 않는 것처럼 보여서 과거에는 정크 유전자junk DNA, 즉 쓰레기 유전자라고 부르기도 했습니다. 정크 유전자는 다른 말로 인트론Intron이라고 하고, 기능이 있는 2%는 엑손Exon이라고 합니다.

보통 의사나 생명과학자는 우리 몸에 필요한 기능을 하는 엑손을 연구하지만, 법의학자는 불필요해 보이는 정크 유전자에 집중합니다. 이 부분이 DNA를 이용한 신원확인에서 핵심적인 역할을 하기 때문입니다.

인트론에는 아무 기능도 하지 않지만* 특정 염기서열이 일정하게 반복되는 구간이 있습니다. 예를 들어 어떤 사람의 3번 염색체에 AGAG라는 조합이 반복된다고 하면 엄마에게 물려받은 DNA에서는 5번, 아빠에게 물려받은 DNA에서는 3번 반복되어 있는 식입니다. 이렇게 반복되는 구간을 STR$^{Short\ Tandem\ Repeat}$이라고 하는데 이 횟수는 사람마다 제각각입니다. 그래서 바로 이걸 확인하는 것이 DNA 신원확인의 시작입니다. STR을 발견하고 표준화하여 이를 지문처럼 고유한 유전정보로 식별하게 된 겁니다.

1985년에 처음으로 이걸 발견한 사람은 영국 레스터 대학의 교수인 앨릭 제프리스$^{Alec\ Jeffreys}$였습니다. 그는 인트론을 연구하던 도중에 사람마다 DNA에 특정 패턴이 서로 다르다는 새로운 사실을 발견했습니다. 이 발견은 《네이처》에 「DNA 지문의 법과학적 응용」이라는 제목의 논문으로 발표됐고, DNA도 지문처럼 고유하다는 사실이 세계에 알려지기 시작했죠.

레스터 시티의 한 경찰관도 우연히 기사에서 이 내용을 흥

---

* 최근에는 인트론이 존재함으로써 엑손을 조합하여 다양한 mRNA를 생성하여 같은 유전자로부터 다양한 단백질을 생성할 수 있게 하는 ① 대체적 스플라이싱$^{Alternative\ Splicing}$, 유전자 발현을 조절하여 전사 효율의 역할을 하는 ② 전사 조절 기능, RNA의 핵외 수송이나 mRNA 안정성에 영향을 주는 ③ RNA 수송 및 안정성 조절의 세 가지 역할을 한다는 것이 알려져 있습니다. 정말 아무 기능을 하지 않는 것은 아니고 중요한 역할을 했던 것이지요.

미롭게 읽었습니다. 그런데 이 시기에 끔찍한 사건이 벌어집니다. 15세 소녀가 성폭행을 당한 뒤 목이 졸려 숨진 채 근처 야산에서 발견된 겁니다. 이 사건은 바로 2년 전에 16세 소녀가 강간, 살해당한 사건과 매우 유사했고, 경찰은 범인을 잡을 단서가 절실한 상황이었습니다. 바로 그때 경찰은 제프리스 교수를 떠올렸습니다. 어쩌면 DNA로 범인을 잡을 수 있지 않을까 싶었던 거죠.

제프리스 교수는 범인을 찾는 일에 협조하기 위해 피해자의 옷에 남아 있던 체액을 용의자의 DNA와 비교하는 작업에 착수했습니다. 당시만 해도 자동화할 수 있는 기술이 없어서 일일이 수작업으로 굉장히 오랜 시간을 들여야 하는 작업이었죠. 특정된 용의자가 없었기에 감별해야 하는 용의자 샘플은 무려 5,000명에 달했습니다. 그런데도 결과는 모두 '불일치'했고, 결국 레스터 사람이 아니라 타지 사람이 범인이라는 결론을 내려야 했습니다.

그런데 1년 뒤, 레스터의 어느 술집에서 결정적인 제보가 들어옵니다. 한 남성이 술에 취해 자랑스럽게 떠벌렸던 겁니다. "그거 내가 한 짓이야! DNA 검사? 술 마시고 몰래 친구 걸로 대신 냈지!" 그 말을 들은 술집 주인이 경찰에 즉시 신고했고, 그의 DNA를 재분석한 결과 피해자에게 남아 있던 가해자의 DNA와 완벽하게 일치한다는 사실이 확인됐습니다. 이렇게

1987년에 DNA 분석기술로 실제 강간살인범을 검거하는 데 성공한 사례가 탄생했습니다.

같은 시기에 PCR 기술이 개발되면서 작은 염색체 조각만 있어도 이를 증폭하여 빠르게 DNA를 검사할 수 있게 되었습니다. 캐리 멀리스$^{Kary\ Mullis}$가 PCR을 발명하여 나중에 노벨상까지 탈 정도로 PCR 기술은 비약적으로 발전했고, 1980년대 중반부터는 실제로 범인을 잡는 데도 기여하게 된 거죠.

미국 FBI는 1998년에 CODIS$^{Combined\ DNA\ Index\ System}$라는 DNA 데이터베이스를 구축했고, 우리나라도 2010년에 DNA 신원확인 시스템을 도입했습니다. 현재는 국제적으로 DNA을 토대로 신원을 확인하기 위해서는 STR을 최소한 13개 이상 분석하도록 되어 있으며, 서울대나 국과수에서는 총 23개를 모두 분석합니다. STR을 3~4개만 분석하면 식별력이 떨어지지만, 23개를 분석하면 지구상에서 완벽하게 단 한 사람을 특정할 수 있습니다.

초기 DNA 분석의 황당한 사건

오늘날의 DNA 분석은 최소 13개의 STR을 분석하여 법의학적으로도 강력한 도구 중 하나로 쓰이지만, 지금처럼 정밀한 개인 식별이 가능해지기까지 치명적인 시행착오도 있었습니다.

1990년 일본에서 한 평범한 가정주부가 네 살짜리 딸을 데리고 파친코를 하러 왔다가 딸을 잃어버린 일이 있었습니다. 아무리 찾아도 보이지 않던 딸은 며칠 뒤에 개천가에서 끔찍하게 살해된 채 발견됐습니다. 경찰은 평범한 배달원이었던 스가야 토시카즈를 용의자로 지목했고, 여러 압박 끝에 자백을 받아냈죠.

마침 세계적으로 알려지기 시작한 영국의 DNA 분석기술이 일본에도 도입됐고, 한 대학교수가 스가야의 DNA를 분석하여 피해자에게서 발견된 것과 일치한다는 사실을 확인했습니다. 그런데 스가야는 막상 법정에 서자 경찰의 압박으로 자백했을 뿐 자신은 무고하다고 주장했죠. 법정에서는 그런 스가야에게 반성의 기미가 없다고 보아 무기징역을 선고했고요.

그렇게 무려 15년이 흘렀습니다. 스가야는 15년의 수감 생활 내내 꾸준히 억울함을 호소했는데, 그 끈질긴 주장에 주목한 탐사 프로그램 PD가 사건을 재조명하기로 합니다. 그런데 조사해보니 이 사건 전후로 파친코에서 어린아이가 사라져 살해당한 동일한 수법의 사건이 4건이나 더 있었고, 그중 범인이 검거된 것은 이 사건뿐이었습니다.

이상하다고 생각한 제작진은 다시 DNA 검사를 의뢰했습니다. 스가야가 수감되던 당시에는 이제 막 DNA 분석기술이 도입되던 시기였기 때문에 단 3개의 STR만으로 검사가 진행됐고,

이 항목들이 우연히 일치할 확률은 0.1%에 지나지 않았습니다. 그런데 기가 막히게도 스가야는 바로 이 0.1%의 확률로 DNA가 일치하는 인물이었다는 사실이 뒤늦게 밝혀졌습니다. 재검사 결과, 23개의 STR 중에서 나머지는 전부 불일치한다는 결과가 나온 겁니다. 결국 그는 15년 만에 누명을 벗고 감옥에서 나올 수 있었습니다.

또 다른 황당한 사례도 있습니다. 2007년 독일에서 키가 190cm가 넘는 건장한 경찰관이 살해되는 사건이 발생했습니다. 현장에서 범인의 체액으로 생각되는 물질을 면봉으로 채취해 검사했더니 뜻밖에 범인은 여성이라는 결과가 나왔습니다. 게다가 놀랍게도 범죄자 정보를 공유해보니 프랑스와 스위스 등에서 일어난 총 5건의 사건에서도 이 여성의 DNA가 발견됐습니다. 한 여성이 국가를 넘나들며 거구의 남성 피해자들을 연쇄적으로 살해했다는 겁니다.

대체 어떻게 이런 일이 가능했는지 알 수 없어서 수사가 미궁에 빠져들었는데, 이 전대미문의 미스터리는 다소 허무한 진실로 마무리됐습니다. DNA의 주인공은 살인범이 아니라 면봉 회사 직원이었던 겁니다. 면봉을 제조하는 과정에서 그 여성이 장갑을 착용하지 않은 채 면봉을 만졌고, 그녀의 DNA가 묻은 면봉이 현장 조사에 쓰이면서 엉뚱한 범인이 지목된 것이죠. 결국 범인은 잡히지 못했고 여전히 미제 사건으로 남아 있습니다. 이 사건은 '하일브론의 유령Phantom of Heilbronn'이라 불리며 법의학 교과서에 실릴 정도로 중요한 교훈을 남겼습니다.

DNA 분석은 정확하지만, 검사 도구와 과정 역시 철저한 검증과 표준화가 전제돼야 합니다. 기술 초기에 분석 시스템을 정립하기 전에는 이처럼 희박한 가능성 하나로 오류가 진실로 뒤바뀌는 일도 있었습니다.

미토콘드리아 DNA와 모계유전

세포 안에는 핵이 있고, 핵에는 부모에게서 각각 물려받은 23쌍의 염색체가 들어 있습니다. 그런데 세포 속에는 핵 외에도 아주 특별한 소기관이 하나 더 있습니다. 바로 미토콘드리아로, 우리 몸의 에너지를 생성하는 역할을 합니다. 미토콘드리아는 원래는 독립적인 박테리아였는데 20억 년 전에 우리 세포와 공생을 시작했다는 세포 내 공생설Endosymbiotic Theory이 있을 만큼 독립적인 유전정보를 가지고 있습니다.

그리고 미토콘드리아가 가진 고유의 DNA는 모두 엄마에게서 유전된 것입니다. 왜 그럴까요? 정자와 난자가 수정될 때 정자의 머리에는 염색체가 담겨 있고, 꼬리에는 미토콘드리아가

담겨 있습니다. 그런데 정자의 꼬리가 잘리면서 머리만 난자에 진입합니다. 그러니 태아가 가지게 되는 미토콘드리아는 모두 엄마에게서 물려받는 셈이고, 당연히 외할머니와도 동일한 미토콘드리아의 DNA를 공유하죠.

이런 특성 때문에 미토콘드리아는 모계유전을 조사할 때, 혹은 아주 오래된 DNA를 검사해야 할 때 주로 쓰입니다. 세포의 핵은 하나뿐이지만 미토콘드리아는 세포마다 100개에서 1만 개까지 존재합니다. 그래서 핵이 뭉개질 만큼 오래된 미라에서도 아직 보존되어 있는 미토콘드리아를 찾을 수 있죠.

실제로 미토콘드리아를 토대로 역사의 진실을 추적한 사례가 있습니다. 러시아 로마노프 왕조의 마지막 황제인 니콜라이 2세는 일가족과 함께 비극적인 최후를 맞이했습니다. 그런데 막내딸인 아나스타샤의 생존 여부를 둘러싼 소문과 의문은 오랫동안 이어졌고, 세계 곳곳에서 자신이 아나스타샤라고 주장하는 사람들이 나타나기 시작했습니다. 이에 차르 왕조와 모계가 같은, 영국 엘리자베스 2세의 남편인 필립 공의 미토콘드리아 DNA를 채취하여 대조하게 되었습니다. 그러나 결과적으로 유전적인 연관성이 발견된 사람은 하나도 없었습니다.

우리나라에서도 비슷하게 미토콘드리아로 가족관계를 추적한 사례가 있습니다. 한국전쟁 때 한 형제가 국군과 인민군으로 전쟁터에서 마주치는 비극이 벌어졌는데요. 이후 국방부가 전쟁터의 유골을 발굴하는 과정에서 인민군이었던 형의 유골을 찾게 되었습니다. 당시에 이미 60년 정도가 지났으니 살아 있는 세포를 찾을 수는 없었지만, 미토콘드리아를 감별하여 형제 관계를 확인할 수 있었습니다. 같은 어머니에게서 태어나 동일한 미토콘드리아 DNA를 보유하고 있었으니까요. 이 사연은 바로 영화 〈태극기 휘날리며〉로 만들어졌습니다.

그렇다면 미토콘드리아를 따라 거슬러 올라가면 인류의 기원을 추적할 수도 있지 않을까요? 실제로 미토콘드리아를 분석해 모계 혈통을 추적한 결과, 우리 인류의 조상이 아프리카에서 유래했다는 사실이 밝혀지기도 했습니다.

Y염색체와 부계유전

2023년, 드디어 뉴클레오티드 염기의 모든 비밀이 밝혀지며 인간게놈프로젝트가 최종적으로 완성됐습니다. 32억 개의 뉴클레오티드 중에서 6천만여 개에 해당하는 Y염색체가 가진 암호까지 전부 해독하면서, 이제 인간이 지닌 전체 DNA의 정보를 모두 읽을 수 있게 된 겁니다. 덕분에 우리는 DNA를 통해 한 사람의 신원이나 질병은 물론이고 그 역사까지 들여다볼 가능성이 높아졌습니다.

앞서 2003년에 인간게놈프로젝트가 일차적으로 완료되긴 했지만 당시에는 사실상 많은 부분이 빠져 있었습니다. 특히 Y염색체에 관해서는 제대로 해독되지 않은 채였습니다. 32억 개의 뉴클레오티드 중에서 Y염색체는 약 6천만 개로 구성되어 2%에 불과하지만, Y염색체를 본격적으로 들여다보면 다양한 방면에서 유용한 실마리들을 얻을 수 있습니다.

Y염색체에서도 특정 염기 서열이 반복되는 Y-STR이 존재합니다. Y염색체는 남성에게서만 발견되니 남성을 식별할 때 이를 확인하면 신원을 확정할 수 있겠죠. 그래서 남성과 여성의 체액이 섞인 채 발견되는 성폭행 사건에서도 Y염색체를 통해 체액의 주인을 확인하게 됩니다. 우리나라에서도 2013년 성폭행 살인 사건에서 Y염색체의 STR을 분석해 범인을 검거한 사례가 있습니다.

다만 Y-STR에는 중요한 약점이 하나 있습니다. 부자나 형제, 사촌 등 가족이나 친척 간에는 변이가 심하게 이루어지지 않기 때문에 동일한 Y-STR 패턴이 발견될 수 있습니다. 즉 같은 성씨끼리는 식별이 되지 않는 것이죠. 따라서 범죄 수사에서는 단독 증거로 사용되기보다 다른 유전자 정보나 정황증거와 함께 보조적인 수단으로 활용됩니다.

대신 부계로 내려오는 특성 때문에 족보 연구에 유용하게 쓰일 수 있는데요. 우리나라의 어느 유명 가문에서도 조상으로 추정되는 무덤이 발견되어 Y-STR 검사를 의뢰했는데, 종친회의 남성들 중 30%가 유전적으로 무관하다는 분석이 나오기도 했습니다.

또 역사적인 사건에도 Y염색체가 활용된 적이 있습니다. 2003년, 미국이 이라크전쟁을 일으켜 사담 후세인을 생포했을 때 정말 본인이 맞는지 얼굴만으로는 확신할 수 없었습니다. 보통 최고지도자는 '카게무샤'라고 해서 외모가 비슷한 대역들을 고용하는 경우가 있기 때문이죠. 그런데 미군은 후세인을 생포하기 전에 그의 두 아들을 먼저 사살한 뒤 DNA를 확보해두었습니다. 이들과 Y-STR이 일치한다는 점을 확인한 뒤 최종적으로 후세인의 신원을 확정했고, 그는 2006년에 사형에 처해졌습니다.

DNA가 말해주는 더 많은 것들

CIA는 세계 각국 지도자의 DNA를 수집하여 가지고 있다는 이야기가 있습니다. 명시적으로 CIA가 DNA 수집 중이라는 사실은 기밀이나, 전문가들도 국제 정보기관의 DNA 활용 가능성을 거론할 만큼 DNA는 한 개인에 대해서 정말 많은 정보를 알려 줍니다. 그 때문에 실제로 김정은 위원장이 회담을 하러 갈 때 변기까지 직접 들고 다닌다고 하죠. DNA만으로도 그 사람의 체질, 건강상태, 병력 등이 노출될 수 있기 때문입니다.

최근에는 일반인들 사이에서도 DNA를 분석하여 조상을 찾는 사설 서비스가 인기를 얻기도 합니다. 한국은 오랫동안 단일 민족이었기 때문에 혈통을 크게 궁금해하지 않지만, 미국 같은 다인종 국가에서는 자신의 혈통이나 친척을 찾기 위해 DNA 분석을 이용하는 사람이 많아졌습니다.

심지어 미국에서 42년 동안 검거되지 않은 살인범의 정보를 친척 검색 사이트에서 찾게 된 사례도 있었습니다. 범인의 DNA는 아무리 데이터베이스를 조회해도 찾을 수 없었는데, 유사한 유전자를 가진 친척이 등록되어 있어 추적이 가능했던 겁니다.

최근에는 개인의 DNA로 피부색, 눈동자 색, 모발 색 등을 예측해 몽타주를 그리는 'DNA 페이셜 스케치$^{DNA\ Facial\ Sketch}$' 기술도 실용화되고 있습니다. 다만 DNA 정보의 강력함 때문에 개인정보보호 문제가 제기되고 있고, 앞으로도 큰 문제가 될 가능성이 있어 보입니다.

DNA는 단지 범인을 찾기 위한 수단이 아닙니다. 한 개인이 누구인지, 어떤 유전적 특성을 지녔는지, 어떤 조상으로부터 왔는지를 담은 살아 있는 기록입니다. 과학은 이 기록을 점점 더 정교하게 해석할 수 있도록 도와주었고, 우리는 이제 DNA를 토대로 인간의 삶과 죽음을 새롭게 바라보고 있습니다.

DNA는 각자의 몸에 새겨진 고유한 서사이며, 누구도 바꿀 수 없는 생물학적 신분증입니다. 우리가 세상에서 단 하나뿐인 존재임을 증명하는, 과학적으로 가장 정확한 목소리이기도 합니다.

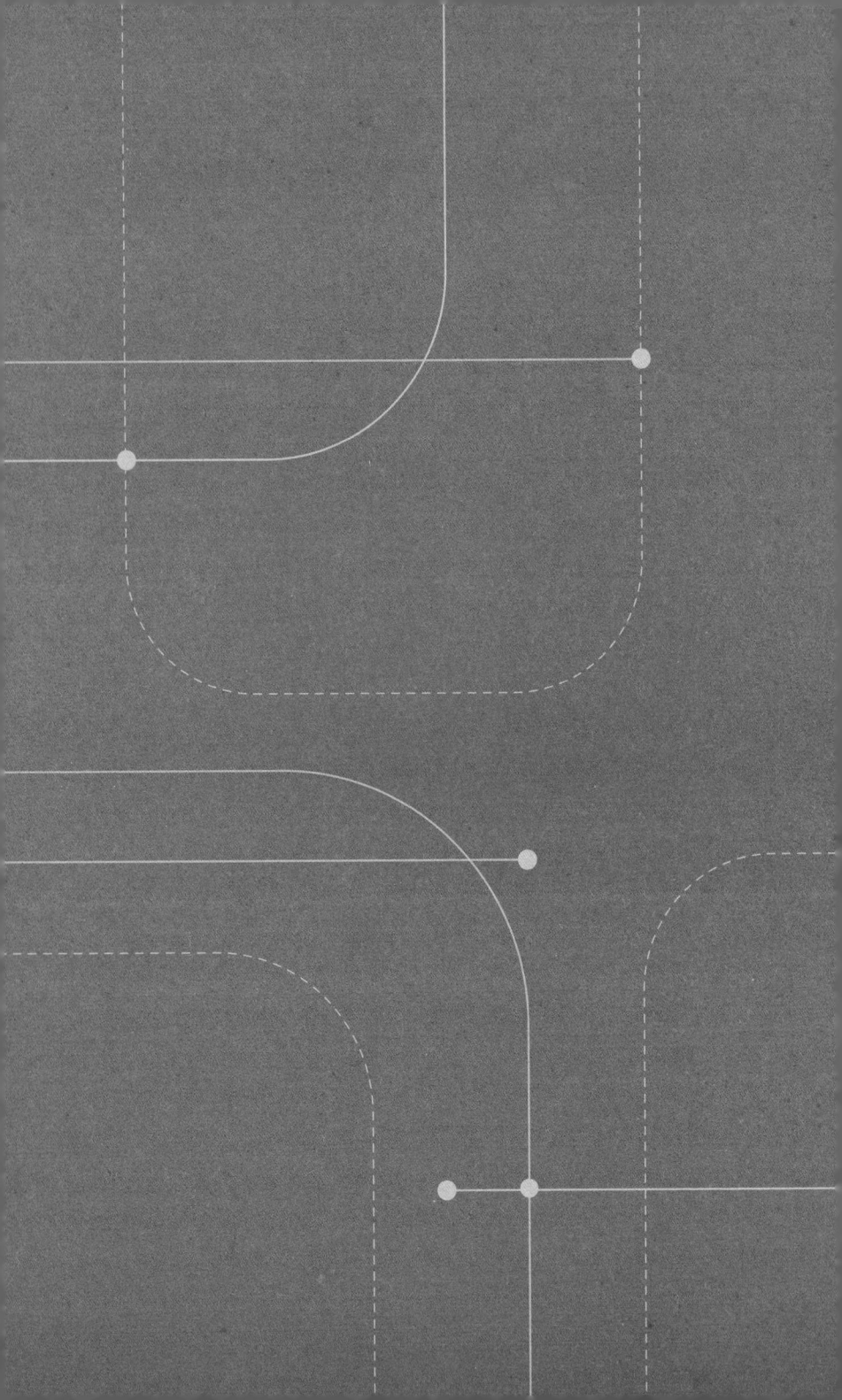

2부

가능한 한 죽지 않는 법을 알려드립니다

한국인은 대부분
이것으로 죽는다

암

VOL.1

암

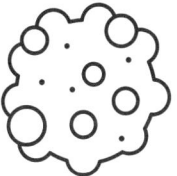

☑ CASE

형사는 들어오자마자 조심스레 말을 꺼냈다.

"돌아가신 분이 너무 말랐어요. 멍도 곳곳에 있고요."

60대 남성인 A씨는 몇 년 전에 뇌졸중으로 쓰러진 적이 있었고, 급성기 치료 후 4년 동안 집에서 치료받았다고 한다. 사지마비 상태로 갈수록 음식을 삼키기도 어려웠고 말하기도 힘들어졌다.

문제는 간병이었다. 부인은 처음에는 24시간 남편의 곁을 지키며 체위 변경, 흡인기 사용, 기저귀 교환까지 혼자 감당해냈다. 경제 사정 때문에 요양보호사를 장기간 쓰기 어려웠고, 자녀들도 어려운 생계 때문에 각자의 삶을 영위하는 것만으로 힘든 상황이었다. 부인은 처음 일이 년 동안은 잠도 두세 시간씩 쪼개 자며 남편의 숨소리를 확인했으나, 이내 생계 때문에 남편을 집에 두고 일을 다녀

올 수밖에 없었다. 남편은 점점 말라갔고, 결국 어느 날 새벽에 조용히 숨을 거두었다.

사후 검시에서는 몸 곳곳에서 멍이 확인됐고, 혹시 학대가 없었는지 확인하기 위해 부검을 의뢰했다. 부검 결과, 가슴에 있는 폐의 문부라는 부위에 거대한 종괴가 보였고, 최종적으로 호지킨림프종이라는 종양으로 확인됐다. 호지킨림프종이 골수에 침범하면 혈소판 수가 감소해 멍이 잘 들 수 있다. 오히려 사지마비로 줄곧 침상에 누워 있었는데도 욕창 등이 양호하게 관리된 점은 부인이 최선을 다해 돌봐준 흔적이었다. 이 내용을 형사에게 설명하며, 아마 생계의 어려움과 남편의 상태 때문에 암 발병에 대해서는 몰랐을 것이라고 덧붙였다.

간병은 사랑과 책임의 이름으로 시작되지만, 시간이 길어질수록 그 무게는 가족의 몸과 마음을 서서히 짓눌러온다. 환자의 고통뿐만 아니라 그 곁을 지키는 사람의 삶도 병 속에서 함께 소모된다. 아마 병이 아니었다면 이 가족은 긴 세월 서로를 의지하며 평범하게 살아갔을 것이다.

✳ ✳ ✳

법의학자가 가장 자주 보는 부검 케이스는 무엇일까요? 살인을 비롯한 범죄 사건에서 경위를 파악하기 위해 부검하는 경우도 물론 있지만, 우리나라에서 사람이 사망에 이르는 가장 많은 원인은 다름 아닌 '암'입니다. 과거에는 음주운전으로 인한 사고사도 많았지만 지금은 크게 줄었고, 치안이 좋은 나라이기 때문에 타살로 사망하는 경우도 10만 명당 0.6명 꼴입니다. 그런데 매년 사망하는 30만 명 중에서 8~9만 명, 즉 3분의 1은 암으로 사망에 이릅니다.

게다가 통계에 따르면 사망하기 전까지 우리나라 인구의 49%가 한 번쯤은 암에 걸린다고 합니다. 높은 확률로 우리 자신이, 혹은 가족이나 가까운 사람들도 언젠가 경험하게 될 수 있다는 뜻입니다. 이토록 가까이에 있는 병인데도 우리는 건강할 때는 암에 대해 잘 생각하지 않고, 어떻게 예방해야 하는지도 잘 모릅니다. 불편하지만 한번쯤은 생각해볼 만한 이야기가 아닐까요?

우리나라에서 암 사망률이 높은 이유

오늘날 평균수명이 늘어났다고는 하지만 병을 앓으며 그저 오래 사는 게 행복하다고 생각하는 분은 없을 겁니다. 중요한 점은 '건강하게' 오래 사는 것이죠. 술도 마시고 담배도 많이 피우면서 "짧고 굵게 살면 됩니다"라고 호기롭게 말씀하는 분들도 있지만, 현실적으로 그게 쉽지가 않습니다. 보통은 병을 오랫동안 길게 앓다가 돌아가시는 안타까운 경우가 훨씬 많습니다. 그리고 긴 투병은 본인에게나 주변 사람들에게나 참으로 고통스러운 시간을 안기곤 합니다. 그 대표적인 원인이 바로 '암'입니다.

2023년 9월에 발표된 사망자 통계를 보면 2022년 대한민국의 사망자 수가 37만 3,000명이었습니다. 사망원인을 살펴보면 남성과 여성 모두 1위가 암, 2위가 심장질환입니다. 3위는 코로나였지만 이 시기의 일시적인 원인이었기에 예외로 두고, 남성은 폐렴과 뇌혈관 질환, 여성은 뇌혈관 질환과 폐렴이 4, 5위로 이어집니다. 사실상 이 정도까지의 순위가 대한민국 사람들이 지금까지 사망해온 원인이자, 앞으로 우리가 대부분 사망하게 될 원인이라고 볼 수 있습니다.

그중에서 왜 암이 사망원인 1위일까요? 놀랍게도 우리가 그만큼 선진국에서 긴 수명을 누리며 살아가기 때문입니다. 다른 나라의 사망원인을 살펴보면 이질, 말라리아, 전쟁, 살인 등이 1위를 차지하는 경우도 있습니다.

우리나라 사람들이 암으로 죽는 이유를 살펴보려면 우리의 탄생 과정으로 거슬러 올라가야 합니다. 인간은 모두 단 하나의 세포에서 시작됩니다. 바로 정자와 난자가 만나서 생기는 수정란이죠. 여성은 월경이 끝난 뒤 2주쯤 지나면 난자 하나가 나팔관으로 배출되고 정자를 만나면 수정이 이루어집니다. 그 수정란은 약 일주일에 걸쳐 나팔관을 천천히 이동하는데, 나팔관이 약 12cm이니까 하루에 겨우 2cm 정도를 이동하는 셈입니다.

그렇게 이동하는 동안 수정란은 세포분열을 시작합니다. 하나였던 세포가 두 개로, 네 개로, 또 여덟 개로 쪼개지며 최종적으로는 30조 개가 넘는 세포가 되어 인간의 모습을 갖추는 겁니다. 엄청난 숫자가 아닐 수 없죠. 그런데 여기에서 생각해봅시다. 이렇게 많은 세포분열을 하는 동안 단 한 번도 실수가 안 생길까요? 세포분열 중에는 표준 세포만 나오는 것이 아니라 이상한 세포가 생길 수도 있는데, 그중에는 '암세포'로 발전할 수 있는 세포도 있습니다.

그런데 왜 우리는 태어날 때부터 암에 걸리지 않을까요? 우리 몸은 복구 시스템이 아주 잘 갖춰져 있습니다. 비교적 대중적으로 알려져 있는 것으로는 암세포를 잡아먹는 NK세포^{Natural Killer cell}도 있죠. 그 외에도 이상세포를 감지하고 없애주는 아주 많은 복구 시스템이 있습니다.

문제는 나이가 들면 이 시스템도 같이 늙어간다는 겁니다. 그래서 젊을 때에 비해 이상세포를 제거하는 능력이 떨어지고, 어떤 암세포가 우연히 살아남아 비정상적으로 증식하면 암에 걸리게 됩니다. 결국 노화로 인해 복구 시스템의 능력이 저하되니 누구나 암에 걸릴 수 있다는 뜻입니다. 물론 젊은 나이에도 운 나쁘게 암이 찾아오기도 하고요.

법의학자로서 1년에 9천 건에서 1만 건 가까이 부검을 하는데, 그게 다 범죄나 수사와 관련된 건 아닙니다. 우리나라에서 살인 사건으로 죽는 사람은 1년에 400명이 채 되지 않습니다. 그러니까 법의학자도 살인보다는 암환자의 부검을 훨씬 많이 할 수밖에 없죠.

암 중에서도 사망원인으로 가장 많은 암은 폐암, 그다음으로 간암, 대장암, 췌장암, 위암이 이어집니다. 췌장암의 경우 발생빈도는 낮지만 치사율이 매우 높기 때문에 사망원인 4위에 올라 있습니다.

그래프를 보면 폐암은 1980년대만 해도 인구 10만 명당 사망자가 5.9명 수준이었는데 지금은 무려 6배나 늘었죠. 과거에는 담배를 훨씬 덜 피웠기 때문일까요? 당시에도 흡연율은 매우 높았지만, 기대수명이 짧아 폐암보다는 다른 질병으로 더 많

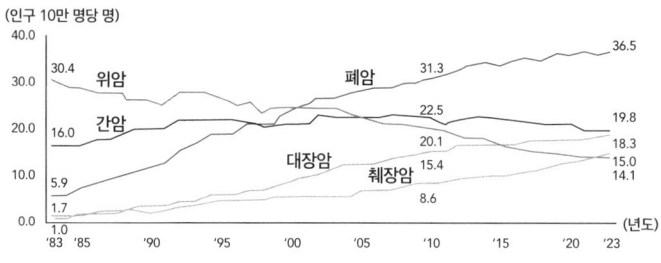

● 암으로 인한 사망률 추이, 1983~2023   출처: 통계청

이 사망했습니다. 그런데 오늘날에는 건강 관리를 잘하면서도 담배를 피우는 분이 많습니다. 노화로 인해 복구 시스템은 약해지는데 발암물질이 지속적으로 공급되니 나이가 들수록 암에 걸릴 확률이 높아지는 겁니다. 특히 폐암의 문제는 초기에 진단하기가 어렵다는 점입니다. 증상이 전혀 없거나 가래, 기침처럼 너무 흔한 증상이 나타나기 때문에 빨리 알아차리지 못하는 경우가 많습니다.

4위에 있는 췌장암도 마찬가지로 흡연이 가장 큰 환경적 위험 요인입니다. 즉 암에 걸리는 것 자체는 대부분 운의 영역이지만, 흡연은 많은 종류의 질병과 암을 유발하는 직접적 원인입니다. 그래서 금연은 우리에게 주어진 인생을 건강하게 경영해 나가기 위한 핵심 전략이라고 단언할 수 있습니다. 많은 분이 금연에 성공하면 암으로 인한 사망률 자체가 낮아지겠죠.

위암은 왜 반대로 위험률이 떨어졌을까요? 건강검진 덕분에 위의 문제를 빨리 발견할 수 있게 되었기 때문입니다. 헬리코박터는 염증 외에도 암을 일으킬 수 있는 병변을 만드는데 요즘에는 항생제로 모두 치료할 수 있습니다.

간암은 크게 두 가지로 나뉘는데, 간세포암과 담관암입니다. 담관암은 민물고기로 감염되는 간흡충이 주된 원인으로 꼽히고, 간세포암은 간경변에서부터 진행되는데 B형, C형 간염이나 알코올이 그 원인이 되는 경우가 많습니다. 간세포암은 1기에 발견되면 생존율이 45% 정도이지만 2기에는 35%, 3기에는 10%로 뚝 떨어집니다.

대장암은 주로 고령자에게 찾아옵니다. 물론 운이 나쁘게 젊은 나이에 걸리기도 하지만 매우 드문 경우입니다. 또 유전적인 요인인 가족력, 염증성 질환, 비만, 당뇨병 등도 원인이 됩니다. 대장암은 1기에 발견되면 생존율이 91%로 매우 높은 편이고, 3기까지도 근치적 수술과 치료로 70% 이상의 생존율을 기대할 수 있습니다. 하지만 4기부터는 20% 이하로 생존율이 매우 낮아지니 여느 암과 마찬가지로 최대한 예방할 수 있다면 가장 좋겠죠. 요즘에는 식습관의 변화로 인해 50대 이후부터 대장암도 건강검진에 포함하여 검사받도록 되어 있습니다.

암은 어떻게 사람을 죽게 만들까

암세포의 가장 큰 특징은 비정상적으로 증식하고 주변으로 전이된다는 점입니다. 이렇게 퍼져 나간 암세포는 어떻게 사람을 죽음에 이르게 하는 걸까요?

암이 생명을 위협하게 되는 첫 번째 이유는 장기 기능의 상실입니다. 암세포가 빠르게 자라나며 정상세포를 파괴하기 때문에 장기가 생명 유지를 위한 제 역할을 하지 못하는 겁니다. 폐암이라면 호흡 기능이 무너져 호흡부전이 오게 되고, 간암에 걸리면 간의 해독과 단백질 생성 역할이 소실되는 식입니다.

둘째로 전이로 인한 합병증입니다. 암이 뇌로 전이되면 뇌부종, 출혈, 신경 손상으로 인해 의식 저하와 호흡마비가 나타날 수 있습니다. 뼈에 전이되면 골수에서 혈액을 만드는 기능이 저하되어 혈액 생성 장애가 발생하고, 혈구가 부족하여 감염으로 사망할 수 있게 되죠.

셋째로 암세포는 굉장히 빠르게 증식하기 때문에 신체 대사 기능에 악영향을 끼칩니다. 정상세포보다 훨씬 많은 에너지를 포악하게 먹어치우면서 체내 영양분을 고갈시키는 것입니다. 그래서 심각한 체중감소와 근육 소모, 면역기능 저하를 비롯해 전신이 쇠약해지는데, 이를 암 악액질이라고 합니다. 실제로 많은 암환자가 암 악액질로 인해 비쩍 말라가다가 신체 기능 저하로 사망하게 됩니다.

그 밖에도 암 조직이 혈관을 침범하면서 출혈이 발생하는 등 혈관 문제가 생길 수 있고, 면역기능의 저하와 감염도 치명적입니다. 간과하기 쉬운 것 중 하나는 치료 부작용입니다. 항암제나 방사선치료는 빠르게 분열하는 세포를 타깃으로 하는데, 암세포뿐만 아니라 머리카락, 장, 피부 등을 이루는 정상세포도 영향을 받게 됩니다. 그래서 항암 치료 중에는 머리카락이 빠지고, 설사를 하고, 피부가 가렵고, 염증이 일어나기도 하는 것이죠. 부작용을 최소화하려고 노력하지만 치료 과정도 몸에 부담을 주는 것은 어쩔 수 없습니다.

실제로 많은 암환자가 치료 도중에 사망하기도 하는데요. 일정 시점이 지나도 치료에 반응이 없으면 남은 시간을 보다 평온하게 마무리할 수 있도록 호스피스를 권유하게 됩니다.

조기 발견과 예방만이 유일한 해답

아직까지 인류는 암을 정복하지 못했습니다. 그러니 암을 피하는 유일한 방법은 예방뿐입니다. 암을 완전히 예방하는 뾰족한 방법은 없지만, 암에 걸릴 가능성을 최대한 줄이기 위해서는 좋은 것을 하는 것보다 나쁜 것을 하지 않는 편이 더 중요합니다. 흡연이 암의 발생률을 높인다는 것은 분명하므로 금연이 곧 암 예방에 한 걸음 다가가는 방법입니다.

그 외에도 최대한 건강하게 살아가며 삶의 질을 높이기 위해 우리가 할 수 있는 일들이 있습니다. 첫 번째는 식습관입니다. 하루에 최소한 한 끼 정도는 채소와 과일을 풍부하게 먹고, 가공되지 않은 단백질도 잘 챙겨 먹어야 합니다. 앞에서 제가 계속해서 강조해 말씀드린 것들이지요.

또 운동은 아무리 바쁘고 시간이 없어도 선택이 아닌 필수라고 생각해야 합니다. 의학계의 유명한 학술지 《랜싯The Lancet》에 실린 논문이 있는데, 하루에 8시간 이상 앉아 있는 분들은 하루에 1시간씩 중강도 운동을 하지 않으면 유병률과 사망률이 거의 2배 이상 높아진다고 합니다. 또한 하루에 3시간 이상 누워 있는 생활 습관은 운동 효과조차 상쇄시킨다고 하니 단발성 운동으로 만족하면 안 됩니다. 최소한 식사 후에 빠르게 걷기라도 권장합니다.

건강한 생활 습관을 지키는 것 외에 암에 대처하는 또 다른 방법은 조기 발견입니다. 빨리 발견할수록 치료 가능성이 높아집니다. 보건복지부에서 연령별로 권유하는 검진 항목들이 있으니 특히 40대 이후 건강검진은 매년이나 격년으로 반드시 받아야 합니다. 젊은 사람일수록 암세포의 분화도가 낮아 진행 속도가 빠를 수 있지만, 젊을 때보다는 확실히 나이가 들수록 암에 걸릴 가능성이 높아집니다.

암은 그 자체도 생명에 지장을 주지만 치료 과정도 참 고통스러운 병입니다. 암환자가 겪는 암성통증은 너무 극심하여 모르핀이나 펜타닐 같은 마약성 진통제를 사용하지만 효과는 오래가지 않습니다. 환자를 지켜보는 가족도 힘들고 누구보다 본인도 괴로운 시간을 이어가야 하죠. 현대 의학의 발전으로 완치되는 암도 많지만 전이가 진행될수록 완치율이 떨어지고, 완치 판정을 받고도 재발하거나 새로운 암이 또 생기기도 합니다.

사람은 누구나 언젠가 죽음을 마주하지만, 그 순간이 지나치게 고통스러울 필요는 없을 겁니다. 미리 두려워할 필요는 없겠지만 우리가 어떻게 삶의 마지막을 맞이하게 될지 한번쯤은 생각해봐야 하지 않을까요? 평균적인 기대여명이 길어진 만큼 우리에게 주어진 시간을 어떻게 살아가느냐가 중요한 과제 중 하나가 되었습니다. 매일 죽음을 가장 가까이에서 마주하는 법의학자로서 드릴 수 있는 말씀은 그 시간을 더 온전히 누리기 위해서 우리가 할 수 있는 일이 있다면 해야 한다는 겁니다.

지극히 의학적인 관점에서 본
술의 모든 것

술

VOL. 2

☑ CASE 1

서울의 한 대학에 막 입학한 1학년 여학생 A씨는 본가가 지방이라 기숙사 생활을 하게 되었다. 룸메이트와 친해져 같은 동아리에도 들어 활동했다. 하루는 동아리 모임이 있어 다 같이 술을 꽤 마시고 취한 채 방으로 돌아왔다. 룸메이트인 친구는 바로 침대에 쓰러져 잠들었는데 A씨는 샤워를 하고 싶었는지 화장실로 들어갔다. 다음 날, 룸메이트가 아침에 일어나보니 화장실에서 물소리가 들렸다. A씨가 다시 씻나 보다 싶어 대충 급하게 준비하고 일단 수업에 들어갔는데, 친구가 수업을 끝내고 방에 돌아올 때까지도 여전히 물소리가 들렸다. 심지어 화장실 밖으로 물이 넘쳐흐르고 있었다. 이상하다 싶어 사람들을 불러 강제로 문을 열었는데, 그 안에 있던 A씨는 이미 숨이 멎은 상태였다.

사망원인은 익사였고 혈중알코올농도는 0.168%였다. 아마도 전날 샤워를 하다가 넘어져 얼굴로 하수구 구멍을 막은 채 잠들었고, 그 상태로 물이 차오르니 숨을 쉬지 못해 사망한 것으로 보였다. 부검에서도 사망 전에 물을 들이마신 익사의 징후를 확인할 수 있었다.

☑ CASE 2

중년 남성 B씨가 살고 있는 다세대 주택에서 며칠 전부터 무엇인가 썩는 듯한 냄새가 났다. 불길한 생각이 든 이웃이 거의 한 달째 그를 보지 못했다는 생각이 들어 112에 신고했다.

경찰관과 연락을 받고 온 소방대원이 B씨의 현관문을 열자 방 안에는 술병이 가득했고, 바닥에는 구더기가 기어다니는 상태로 시간이 멈춰 있었다. 부패가 진행된 시신의 부검 결과는 만성 알코올성 간질환과 간경변이었다. 혈중알코올농도는 부패를 고려하더라도 0.15%를 훌쩍 넘었다. 죽기 직전까지도 홀로 술을 마시고 있었던 것으로 보였다.

최근 들어 이런 고독사는 특별하지 않고 부검에서 아주 흔하게 맞닥뜨린다. 특히 50~60대 남성, 최근에는 혼술하는 중년 여성에게서도 점점 늘어나서 중년 여성의 부패 시신도 자주 보게 된다. 몸이 무너지는 것보다 외로움과 술이 함께 무너뜨리는 삶이 더 무서운 일이다.

✳ ✳ ✳

　법의학자로서 술에 대해 이야기하지 않을 수 없습니다. 부검을 하면서 수많은 질병과 사건을 접했지만, 유독 술 때문에 돌아가신 분을 참 많이 봅니다. 개인적으로는 술이 없으면 우리나라의 사망사고 중 3분의 1은 줄어들 것 같습니다. 물론 공식적인 통계청, WHO, 질병관리청 등의 자료에서 직간접적인 술 관련 사망 비율은 10~15% 내외로 분석되니 그 정도는 아니지만요. 하지만 실제 WHO에 따르면 전 세계 사망의 약 5%는 음주와 관련이 있으며, 한국에서는 매년 5천 명 이상이 알코올 관련 질환으로 사망합니다.

　술은 인류의 역사와 함께해온 문화의 일부입니다. 축하와 위로, 환영과 작별의 자리에 늘 함께하며 때로는 사람 사이의 벽을 허물기도 합니다. 어떤 이들에게는 하루의 고단함을 씻어주는 도구이고, 또 다른 누군가에게는 회피이자 위안입니다. 그러나 앞서 말씀드린 대로 법의학자의 입장에서 바라본 술은 그리 낭만적인 존재가 아닙니다. 해마다 수많은 사람이 술 때문에 쓰러지고, 다치며, 세상을 떠납니다.

　그렇다면 술이 아예 없다면 세상은 더 안전해질까요? 실제로 1920년대에 미국은 알코올을 전면 금지하는 '금주법'을 시행한 적이 있습니다. 그러자 사람들은 불법 거래와 조직범죄 등 더 나쁜 방식으로 술을 손에 넣었습니다. 술을 억제하면 억제하는 대로 또 다른 문제가 생겨나는 것이 세상입니다. 단순히 술을 '없애야 할 것'으로만 취급할 수는 없습니다.

중요한 점은 술과 나의 관계를 객관적으로 들여다보는 일입니다. 술이 우리 몸에서 어떻게 작용하는지, 왜 사람마다 반응이 다른지, 술이 무슨 장기를 어떻게 망가뜨리는지 정확히 알고 있어야 합니다. 술을 단죄하기보다는 내 삶과 내 몸을 지키기 위해 술을 이해하자는 것입니다. 찰나의 즐거움과 생명을 맞바꾸는 순간들을 누구보다 가까이에서 보아온 사람으로서 여러분에게 꼭 드리고 싶은 이야기입니다.

술을 마시면 우리 몸에서 일어나는 일

대체 술이라는 게 정확히 뭐길래 수많은 사건사고를 발생시키는 걸까요?

술자리에서 흔히 듣는 말이 있습니다. "한 잔만 마셔." "취할 정도는 아니야."

하지만 이 '한 잔'은 몸속에서 단순한 물이 아니라 화학물질로 작용합니다. 기본적으로 술은 '에틸알코올'이라는 화학물질입니다. CH_3-CH_2-OH의 단순한 분자구조로 되어 있죠. 약국에서 파는 소독약도 에틸알코올이 아니냐고요? 맞습니다. 성분을 들여다보면 실제로 주정으로 뽑은 에틸알코올에 물과 감미료를 넣은 것이 바로 소주입니다.

원래 우리 몸은 외부 물질로부터 자신을 보호하기 위한 여러 장벽을 갖추고 있습니다. 그런데 에틸알코올은 매우 단순한 화학구조 덕분에 이 장벽을 빠르고 쉽게 통과하는 특성이 있습니다. 입으로 들어가 식도를 거쳐 위를 지나 소장에서 빠르게 흡수되고 순식간에 뇌까지 도달하죠. 그래서 술을 마시면 중추신경계가 저하되며 금방 취하고 뇌의 판단력도 흐려지게 됩니다.

그나마 위점막에는 알코올을 분해하는 효소가 있어서 든든하게 식사한 후에 술을 마시면 흡수가 늦어지며 덜 취할 수 있습니다. 반대로 공복 상태에서는 술이 곧장 소장으로 내려가 흡수되니 혈중알코올농도가 훨씬 빠르게 오르죠. 그래서 '든든하게 먹고 마셔라'는 조언은 결코 괜한 말이 아닙니다.

술자리에 가보면 꼭 이런 사람들이 있습니다. 소주를 몇 병씩 마셔도 멀쩡한 사람, 그리고 반대로 한 잔만 마셔도 얼굴이 빨개지고 가슴이 두근거리는 사람. 이건 정신력이나 의지력과 관련된 문제가 전혀 아니고, 실은 유전적으로 타고난 체질적 문제입니다.

우리 몸에서 술을 분해하기 위해서는 크게 두 단계 분해 과정을 거치게 됩니다. 우선 술, 즉 에틸알코올은 몸속의 알코올탈수소효소^{ADH}에 의해 분해되어 아세트알데히드가 됩니다. 화학식은 어렵게 느껴지지만, 표현해보자면 몸속에서 다음과 같은 대사가 일어납니다.

에탄올 → 〈알코올탈수소효소^{ADH}에 의해〉 → 아세트알데히드 → 〈아세트알데히드탈수소효소^{ALDH2}에 의해〉 → 아세트산 → $CO_2 + H_2O$

이 식을 보면 알코올탈수소효소가 작용만 하면 알코올이 아닌 아세트알데히드니까 술에 더 안 취하는 게 아니냐고 생각할 수 있습니다. 그런데 '알데히드'가 붙은 건 다름 아닌 독극물입니다. 봉준호 감독의 영화 〈괴물〉에서 돌연변이 괴물을 탄생시킨 위험한 화학물질의 이름도 바로 포름알데히드였죠. 즉 우리 몸에 독성이 있는 아세트알데히드라는 발암물질이 들어온 상황이니 이걸 빨리 없애줘야 할 겁니다. 그래서 다음 단계로 아세트알데히드탈수소효소^{ALDH}가 작용하여 아세트알데히드를 아세트산으로 바꾸게 됩니다. 이는 다시 물과 이산화탄소로 분해되죠.

그러니까 술을 잘 마시려면 알코올을 빨리 분해하는 것도 중요하지만, 그보다는 두 번째 단계의 독성인 아세트알데히드를 분해하는 효소의 역할이 핵심이라고 할 수 있습니다. 즉 술을 마시면 몸에 두드러기가 나고, 구토를 하고, 얼굴이 빨개지는 분들은 아세트알데히드를 분해하는 효소가 유전적으로 작용을 못하게 타고난 것입니다.

아세트알데히드를 분해하는 알데히드탈수소효소는 주로 간에 모여 있으며 유전적인 영향을 받습니다. 알데히드탈수소효소라는 건 우리 몸에 열아홉 가지나 존재하는데, 그중에서 가장 중요한 것이 ALDH2입니다. 우리가 태어날 때 부모님 양쪽 모두에게서 ALDH2를 정상형으로 물려받았다면 비교적 아세트알데히드를 빠르게 분해할 수 있습니다. 하지만 만약 한쪽에서 유전적 변이가 있는 ALHD2를 물려받았다면 분해 능력은 20~50%가량 떨어지게 됩니다.

그럼 우리나라에서 부모님 중 한 명으로부터라도 이 돌연변이 ALHD2를 물려받은 사람은 얼마나 될까요? 약 30~50% 정도입니다. 이분들은 원래 술을 드시면 안 되는 겁니다.

술을 전혀 분해하지 못하는 가장 심각한 경우도 있습니다. 부모님 두 분 모두에게서 변이된 ALDH2를 물려받은 것이죠. 이럴 때는 술을 한 잔만 마셔도 몸이 버티지 못하고 거의 쓰러지는 심각한 반응을 보입니다. 보통은 성인이 되어 술을 마셔보면 바로 자신의 체질을 느끼고 술을 피하게 되죠. 주변에서도 절대 술을 강요해서는 안 됩니다. 변이된 ALDH2를 가진 분들이 계속 술을 마셨을 경우 식도암 및 구강암 위험이 증가한다고 확인되어 있습니다. WHO에서는 ALDH2 변이 보유자에게 절주가 아니라 금주를 권고합니다.

그럼 변이가 없는 정상적인 ALDH2를 가지고 태어난 분들은 술을 무한정 마셔도 될까요? 물론 그렇지 않습니다. ALDH2는 술을 분해하는 역할만 하는 것이 아닙니다. 우리 몸속에서 산화된 활성화 산소를 막아주는 역할도 하는데요. 정확히 말하면 질병과 노화, 항산화 기능에까지도 ALDH2가 관여한다고 볼 수 있습니다. 그러니까 좋은 유전자를 가지고 있더라도 나이가 들어서까지 써먹으려면 최대한 아껴 쓰는 것이 좋겠죠.

또한 나이가 들면서 체취가 짙어지는 현상에는 '2-노넨알 2-nonenal'이라는 불포화 알데히드 성분이 관여하는데, 이는 노화로 인한 지방산 산화와 항산화 능력 저하의 결과로 생성됩니다. 이 역시 일종의 알데히드 물질로, 체내 해독 능력이 떨어지거나 분해효소의 기능이 저하할 경우 체외로 더 많이 배출되어 체취가 강해질 수 있습니다. 비록 ALDH2가 직접적으로 피부 체취를 조절한다고 단정할 수는 없지만, 음주와 흡연은 분명히 체내 알데히드 부담을 증가시켜 전반적인 대사 균형에 악영향을 줍니다. 따라서 몸속 효소 시스템을 과도하게 혹사하지 않기 위해서라도 음주와 흡연은 가능한 한 피하는 것이 바람직합니다.

참고로 알코올을 분해하는 능력에는 성별이나 체격의 차이도 있습니다. 체격이 큰 사람들은 똑같은 양의 술을 마시더라도 몸의 혈액량이나 체액량이 많기 때문에 낮은 농도로 퍼지게 됩니다. 또 여성은 위에 있는 알코올분해효소의 밀도가 남성에 비해 70% 정도밖에 되지 않고, 알코올을 주로 해독하는 간의 크기도 작기 때문에 술에 더 약할 수밖에 없습니다.

술을 마시고 갑자기 사망하는 이유

술이 몸에 안 좋다는 건 모든 분이 잘 아는 사실입니다. 법의학적 관점에서 술은 질병뿐만 아니라 상당히 많은 사망을 유발하는 물질입니다. 그럼 술을 얼마나 마시면 죽을 수도 있는 걸까요? 우선 음주 운전을 비롯한 사고도 술로 인한 주요 사망원인 중 하나입니다. 사고 외에 술 때문에 우리 몸에 발생하는 폐해는 크게 급성중독과 만성중독 두 가지로 나눌 수 있습니다.

흔히 말하는 알코올중독은 만성중독입니다. 그런데 평소에 그렇게 자주 술을 마시지 않아도, 어쩌다 한 번 과음을 했을 뿐인데도 급성중독으로 사망에 이를 수 있습니다. 실제 부검했던 케이스 중에 젊은 여성이 있었습니다. 남자 친구와 헤어지고 속상한 마음에 친구들과 술을 마셨고, 그날은 만취하여 친구들이 집까지 데려다주었습니다. 그런데 다음 날이 되어도 연락이 닿지 않고 직장에도 출근하지 않았습니다. 집에 찾아가도 인기척이 없어 친구들이 119에 신고했고, 현관문을 따고 들어갔더니 이 여성이 통돌이 세탁기 안에서 사망해 있었습니다.

도대체 어떻게 된 일일까요? 부검해보니 혈중알코올농도는 0.3%가 조금 넘었습니다. 술에 꽤 취한 것도 사실이지만 사망한 이유는 질식이었습니다. 통돌이 세탁기에 엉덩이부터 들어가 다리가 접혔고, 다리가 가슴을 누르면서 호흡이 멈춰버린 겁니다. 호흡하기 어려운데도 술에 취한 상태라 뇌가 제대로 명령을 내리지 못해 일어난 사고입니다. 그래서 근본적인 사망원인은 급성알코올중독으로 판단했고, 세탁기에 왜 들어갔는지는 영영 알 길이 없습니다.

실제 부검 케이스에서 급성알코올중독으로 사망한 경우는 대개 대학생이나 20대의 젊은 분들입니다. 주로 자기 음주량을 잘 몰라서 많은 양의 술을 마시거나, 어느 날 주종을 바꿔서 도수가 센 독주를 마시다가 갑자기 사망하게 되죠. 또 최근 논문에 따르면 혈중알코올농도 0.15% 이상부터 급성알코올중독으로 사망할 수 있다고 알려져 있습니다. 이는 소주를 두 병 정도 마셨을 때의 수치에 불과합니다. 소주 두 병에 사람이 죽는다니 믿기지 않으시죠? 여기에는 이유가 있습니다.

사람이 술에 취하면 뇌의 전전두엽에 영향을 끼칩니다. 전전두엽은 이성을 담당하는데, 이성이 마비되니 평소에는 하지 않을 법한 말이나 행동을 하게 됩니다. 술을 더 마시면 다음으로 마루엽이 영향을 받습니다. 이곳은 몸과 주변 물체 사이의 관계를 규정하는 역할을 하는데, 우리가 걸을 때 사물에 부딪히지 않는 것이 마루엽 덕분입니다. 그래서 술을 많이 마셔 마루엽이 제 기능을 못하면 젓가락을 자꾸 떨어뜨립니다.

다음으로는 말하기와 듣기를 담당하는 측두엽입니다. 술을 마시면 점점 혀가 꼬이고, 소리가 잘 안 들려서 목소리가 더 커지게 되죠. 여기에서 술을 더 마시면 후두엽에 영향이 가며 사물이 왜곡되어 보이고, 더 취하면 소뇌의 균형감각이 무너집니다. 그래서 만취하면 비틀거리면서 걷게 마련입니다. 그다음에는 뇌간, 특히 숨뇌라는 곳에 영향을 주게 됩니다. 숨뇌는 호흡을 관장하는 부위라서 술에 마비되면 자면서 숨을 멈췄다가 갑자기 몰아쉬는 등 호흡이 굉장히 불안정해집니다.

결과적으로 심한 음주로 사망에 이르는 것은 대부분 호흡 기능의 마비 때문입니다. 과거에는 혈중알코올농도가 0.4% 이상 되어야 이러한 단계에 이른다고 알려졌지만, 최근에는 0.15%에서도 이와 같은 영향으로 사망할 수 있다는 연구 결과가 보고됐습니다. 생각보다 많은 양의 술을 마시지 않아도 체질이나 컨디션에 따라 매우 위험한 단계에 이를 수 있다는 의미입니다.

술이 내 몸을 공격한다

술을 마시고 사망에 이르는 또 다른 이유는 술로 인해 발생하는 질병 때문입니다. 흔히 알코올중독이라고 하는 만성알코올사용장애에 이르렀을 때 사람에게 나타나는 다양한 신체적 손상은 우리가 예상하는 것보다 훨씬 심각합니다. 치매부터 시작해서 알코올성 정신질환, 알코올성 치매와 비슷한 코르사코프 증후군, 심장병, 위궤양, 췌장염, 대장암, 발기 능력 저하, 불임, 대퇴골 골두의 괴사까지 그 카테고리도 다양하죠.

또한 최근 부검하면서 보게 되는 만성알코올중독 사망자는 앞서 말씀드렸지만 대부분 고독사했습니다. 자신도 모르는 사이에 술이 서서히 몸을 병들게 하고 급기야 죽음으로 몰고 가는 것입니다.

술이 제일 먼저 공격하는 장기, 간

술을 많이 마시면 제일 먼저 나빠지는 장기는 다름 아닌 간입니다. 알코올은 간세포에 직접적인 손상을 입히는데, 그 과정에서 간성 이토 세포Hepatic Stellate Cell라는 세포가 활성화되며 콜라겐 등 섬유성 기질을 과다하게 분비합니다. 즉 손상된 부위에 섬유질을 뿌려대는데, 이로 인해 간의 섬유화가 진행되며 간이 딱딱하게 굳으면서 더 이상 제 기능을 하기 어려워집니다.

이와 함께 간세포 안에 지방이 비정상적으로 축적되면서 지방간이 생깁니다. 지방이 축적된 간세포는 염증반응을 일으키면서 지방간염을 발생시킵니다. 부검해보면 알코올을 많이 먹은 분들의 간은 지방질이 껴서 노란색을 띠고, 만져봐도 기름져 미끌미끌거리는 걸 확인할 수 있습니다. 지방간염 자체도 문제지만 더 악화되면 간경변이 되고, 간경변부터는 이제 회복이 불가능합니다. 간이 더 이상 해독 작용을 하지 못하니 늘 피곤하고, 알부민이라는 단백질도 생성하지 못해 혈장 내 삼투압이 떨어지며 배에 복수가 들어찰 수 있습니다.

더 심각한 문제는 간경변이 진행되면 간 조직이 딱딱하게 굳어지며 간을 통과하는 혈류에 저항이 생기는 것입니다. 이로 인해 간문맥 내 압력이 비정상적으로 상승하는 문맥압항진증Portal Hypertension이 발생합니다. 혈액은 간을 우회하는 경로를 찾으려고 식도나 위의 정맥으로 흘러들어 비정상적으로 확장된 정맥류를 형성하게 됩니다. 오래 서 계시는 분들의 다리에 구불

구불 불거진 정맥류 같은 혈관이 위와 식도에 생기는 것이죠. 특히 식도에 정맥류가 생기면 벽이 얇고 쉽게 파열되어 매우 위험한데요, 혈액을 응고하는 단백질도 간에서 만들기 때문에 한 번 파열되면 대량 출혈로 사망에 이를 가능성이 높아집니다.

그래서 만성알코올사용장애를 가진 사람들은 식도정맥류의 파열로 피를 토하며 죽는 경우가 많습니다. 이런 경우에 형사들에게서 '방 안에서 검은색 구토를 하다가 사망했고, 코와 입에도 검은 액체가 있었다'는 말을 듣게 되는데, 부검해보면 간경변과 식도정맥류가 확인됩니다. 피가 위와 소장으로도 내려가 한가득 고여 있고, 대장에서도 피가 섞여서 변이 짜장면처럼 검은 색깔로 관찰됩니다.

구토하는 습관이 망가뜨리는 위와 식도

과도한 음주는 위점막을 자극하고 위산 분비를 증가시켜 위염이나 위궤양을 유발할 수 있습니다. 과음을 하는 날 저녁 8시에 귀가하는 분들은 거의 없겠죠? 보통 밤늦게까지 술을 마시고 바로 잠들다 보면 술이 식도 하부의 괄약근이라는 근육을 느슨하게 하고 위에서도 배출이 지연되기 때문에 위식도역류가 자주 발생합니다.

특히 술을 마시면 속이 울렁거려 구토를 하게 되는데, 잦은 구토는 위식도역류를 악화시킵니다. 드물긴 하지만 식도가 찢어지는 말로리-바이스 증후군Mallory-Weiss Syndrome도 발생합니다. 술을 마시고 일부러 토하는 습관은 위와 식도에 정말 위험한 행동입니다. 강한 위산이 식도로 역류하면서 식도의 점막을 손상하고 염증으로 변형되어 장기적으로는 식도암으로 이어지는 원인이 될 수 있습니다.

그뿐만 아니라 술을 늦게까지 마시면 수면 시간이 불규칙해지고, 다음 날에는 맵고 짠 음식으로 해장을 합니다. 이 역시 위와 식도에 심한 부담을 주는 행동입니다.

염증과 독소가 발생하는 소장

알코올은 대부분 소장에서 흡수되기 때문에 소장을 비롯해 소장과 이어지는 대장의 점막은 가장 먼저 알코올의 영향을 받습니다. 알코올과 알코올이 분해되면서 생기는 아세트알데히드가 장점막을 손상하고 장내 투과성을 증가시키면, 장내 세균에 의해 형성된 LPSLipopolysaccharide 같은 내독소가 혈류로 더 쉽게 흡수되어 전신 염증반응을 유발할 수 있습니다. 또한 내독소가 생기면 염증세포가 몰려와 소장과 대장에 염증이 발생하여 장점막의 만성 손상, 장내 미생물 불균형, 심지어 간이나 전신 장기에 이차적인 염증을 유도할 수 있습니다. 잘 아시다시피 염증은 우리 몸을 해치는 주요 원인이죠. 결국 술은 소장에서 흡수된 이후에 빠르게 확산되며 주변의 혈관이나 연조직도 자극하고 손상하는 것입니다. 몸속에 들어와 곳곳에서 분탕을 치는 셈입니다.

죽음으로 직결되는 가장 치명적인 손상, 뇌

사람은 나이가 들면서 자연적으로 뇌 사이즈가 조금 줄어듭니다. 뇌의 크기 자체가 IQ와 관계가 있는지는 명확하지 않고, 더 중요한 점은 뇌세포 수와 뇌세포들을 연결하는 시냅스의 활성 정도입니다. 그런데 알코올사용장애가 있으면 노인보다 더 빠르게 뇌의 크기가 줄어들며 뇌세포도 기하급수적으로 감소합니다. 젊을 때는 잘 느끼지 못하지만 나이가 들면서 내가 가지고 있던 뇌세포들이 손가락 사이의 모래처럼 사라져가는 걸 느끼게 됩니다.

    뇌세포가 파괴되니 당연히 알코올성 치매에 걸릴 확률이 높아집니다. 기억력이 급격히 떨어지고, 심하면 베르니케-코르사코프증후군Wernicke-Korsakoff Syndrome이 생길 수도 있습니다. 이는 티아민(비타민 B1)의 결핍으로 갑자기 난폭한 행동을 하는 등 성격 변화나 충동조절장애가 발생하는 것을 말합니다. 이렇게 만성 알코올사용장애는 최후에 신체뿐만 아니라 정신적으로도 사람을 무너뜨립니다.

더 무서운 건 뇌의 손상이 삶의 질 저하 외에도 실제 사망의 직접적인 원인이 될 수 있다는 것입니다. 간경변과 함께 알코올로 인한 사망원인의 양대 산맥이라 할 수 있는 것이 넘어지며 생기는 경막하출혈입니다.

이는 실제로 법의학적으로 굉장히 자주 접하는 사례이기도 합니다. 한번은 30대 후반의 여성이 경막하출혈로 부검대 위에 올라왔는데 특이하게도 머리에 상처가 없었습니다. 보통 경막하출혈은 넘어지면서 뇌가 진탕되어 생기는데 말이죠. 앞뒤 정황을 들어보니 이 여성이 고스톱을 치다가 머리를 크게 흔들었는데 다음 순간에 갑자기 푹 쓰러졌다고 합니다. 부검해보니 뇌의 크기가 상당히 줄어 있었고, 간에는 간경변이 보였습니다. 평소에 술을 워낙 많이 드셨던 분이라 외상이 없는데도 머리를 흔들다가 경막하출혈이 발생한 겁니다.

믿기 어렵지만 관련 논문에 따르면 알코올사용장애 환자가 엉덩방아를 찧고 뇌출혈이 생겼다는 보고도 있습니다. 그만큼 뇌가 알코올에 취약하며, 우리 자신도 모르게 치명적인 손상을 입을 수 있다는 뜻이기도 합니다.

힘없이 움직이게 되는 심장

의외로 잘 알려지지 않았지만 심장에 가장 큰 영향을 끼치는 물질이 바로 술입니다. 술을 많이 먹으면 알코올성심근병증Alcoholic Cardiomyopathy, ACM을 유발할 수 있는데, 이는 심장이 부으면서 확장성 심근병증Dilated Cardiomyopathy, DCM의 형태로 나타납니다. 심장은 원래 수축과 이완을 반복하며 리드미컬하게 혈액을 펌프질 해줘야 하는데, 심장이 부으니까 움직임이 둔탁해집니다. 혈액이 힘 있게 순환하지 못하니 발목이 붓는 것부터 시작해 결국 심부전으로 이어집니다. 그래서 부검해서 확인했을 때 아직 간경화가 심하지 않고 뇌에도 출혈이 없으면 대개 사망원인을 알코올성 심장병증이라고 추정합니다. 생전에 초음파로 확인했으면 더 정확한 진단과 대처가 가능했을 텐데, 대부분은 술을 오랜 기간 과하게 마셨던 분들로, 건강검진을 받지 않아 적절하게 조치할 기회를 놓쳤던 겁니다.

대체 술은 얼마나 마셔야 할까

많은 사람이 '술을 적당히 마시면 괜찮지 않은가'라고 생각합니다. 아예 안 마실 수는 없다면 그 '적당히'가 어느 정도일까요? 이에 대한 국제적인 기준이 있습니다. 미국 국립알코올연구소

NIAAA에서는 2시간 이내에 혈중알코올농도가 0.08%를 넘어가면 폭음으로 여깁니다. 보통 소주 반병을 마시면 0.05~0.1% 정도가 나오니 소주 한 병을 2시간 이내에 마시면 폭음으로 간주하는 겁니다. 미국의 국립알코올연구소와 질병통제예방센터 CDC 및 WHO에서 공식적으로 권장하는 음주량은 하루에 남자 4잔 이하, 여자 3잔 이하입니다. 단, 우리나라에서는 표준 음료 Standard Drink의 기준이 알코올 10g이므로 20도 소주 1잔이 표준 음료에 해당하고, 40도 위스키는 약 30ml, 12도 와인은 105ml, 5도 맥주는 250ml를 1잔으로 보시면 됩니다.

너무 빡빡한 수치라고 생각되지만, 그래도 반가울 만한 이야기가 있습니다. 적절한 음주는 실제로 '약주'가 될 수도 있다는 가설입니다. 이는 알코올을 분해하려고 분비되는 알데히드탈수소효소 때문인데요. 이 효소는 알코올 분해 외에도 세포조직의 손상을 막고 항산화 작용을 하는 등 꽤 의미 있는 일을 많이 합니다. 소량의 알코올은 이 효소를 적당히 자극해 깨워주고, 또 혈관을 일시적으로 확장하여 동맥경화를 예방하는 효과를 기대해볼 수도 있습니다. 일부 사람들이 술을 마신 다음 날에 피부가 좋아졌다고 느끼는 것도 이런 이유입니다.

다만 여기에서 말하는 소량의 알코올이란 하루에 딱 두 잔까지입니다. 한두 잔까지는 알데히드탈수소효소를 약간 활성화하며 약주로서의 효익을 기대할 수도 있지만 세 잔이 넘어가면 급격히 해로워집니다. 이 현상을 J커브 이펙트(J-curve Effect)라고 합니다. 이득을 보는 사람은 대체로 심혈관질환 위험이 높은 고령자 남성으로 알려져 있는데, 최근에는 이 통계 자체가 인과관계를 흐리게 하는 혼란 변수(Confounding Factor) 때문이라는 비판도 있습니다. 암, 간질환, 사고사 위험으로 이득보다 피해가 크다는 연구가 요즘에는 더 힘을 얻는 추세입니다. 또한 표준적인 기준일 뿐 개인차가 있기 때문에 최대치의 이익 구간에 들어가기 위해 술을 굳이 찾아 마실 필요는 없이 아예 안 드시는 편이 가장 좋습니다.

무엇보다 술은 습관적으로 마시다 보면 만성화되기 쉽다는 점이 문제입니다. 술은 실제로 마실수록 늘게 됩니다. 몸에서 많은 양의 술을 감당하기 위해 알코올을 분해하는 효소를 더 활발하게 생성하기 때문이죠. 이때 술을 분해하는 과정에서 탈수소효소 외에도 카탈레이스와 CYP2E1이라는 효소들이 관여하는데, 특히 CYP2E1이 술을 분해할 때 엄청난 산화 물질을 투척합니다. 그래서 술을 많이 마실수록 몸에 활성산소도 늘어 세포가 손상되고 노화도 빨라질 수밖에 없습니다.

그러니까 약간의 이득을 노리고 하루에 한두 잔을 소량 마시다 보면 습관적으로 마시게 되어 주량이 늘어나면서 훨씬 더 많은 손해를 보게 되는 겁니다. 아예 마시지 말거나, 어쩌다 폭음을 했더라도 4일 이상은 회복을 위해 술을 쉬어야 합니다.

알코올사용장애의 자가 진단

술자리에 앉자마자 바로 폭탄주부터 말기 시작하는 분들이 있죠? 맥주에 소주를 타면 알코올이 10~12도가 됩니다. 그게 실제로 위 배출률 Gastric Emptying Rate을 증가시켜 흡수를 빠르게 하는 농도이기 때문에 우리 몸에 흡수되기 딱 좋은 수준입니다. 자신도 모르게 알코올을 향한 갈망으로 혈중알코올농도를 빠르게 높이려는 습관에 기인한 행동일지도 모릅니다. 자신의 음주 습관을 객관적으로 판단하기는 어렵지만, 알코올사용장애 Alcohol Use Disorder 여부를 자가로 진단해볼 수 있는 열한 가지 항목이 있으니 한번 체크해보시기를 바랍니다.

1. 의도했던 것보다 더 많이, 더 오래 음주한 경험이 있다.
2. 음주를 줄이거나 중단하고 싶었으나 그러한 시도에 실패한 경험이 한 번 이상 있다.
3. 술을 마시느라 많은 시간을 보내거나, 후유증(숙취 등)으로 인해 일상에 지장이 있었다.

4. 다른 생각을 할 수 없을 정도로 술에 대해 강한 갈망을 느낀 적이 있다.
5. 음주 때문에 가정, 직장, 학업에 문제가 생긴 적이 있다.
6. 음주로 가족이나 친구 등 주변 사람들과 갈등이 생겼는데도 계속 마신 적이 있다.
7. 술을 마시기 위해 자신에게 중요하고 기쁨을 주는 활동을 포기하거나 줄인 적이 있다.
8. 음주 중이나 후에 수영, 운전 등 위험한 행동을 한 적이 있다.
9. 음주 때문에 우울, 불안, 건강 문제가 심각해졌는데 또 음주한 적이 있다.
10. 자신이 원하는 효과를 위해 점점 더 많은 양을 마시게 되었거나, 이전과 같은 음주량으로는 그 효과가 줄었다.
11. 술을 끊었을 때 불면, 떨림, 불안, 메스꺼움, 심장 두근거림, 경련 등 금단증상을 경험했다.

이 중에서 2~3가지에 해당하면 경증 알코올사용장애, 4~5개에 해당하면 중증 알코올사용장애, 6가지 이상에 해당하면 심각한 알코올사용장애로 진단합니다. 경증이라도 알코올사용장애에 들어서면 건강을 해칠 뿐만 아니라 주변 사람들과 크고 작은 문제를 일으키고, 기대여명을 살기도 어려워질 수 있습니다. 경증이나 중증이라면 당연히 술을 줄여야 하며, 필요하다면 전문가의 도움을 받는 것이 좋습니다.

김영하 작가의 말 중에서 "젊을 때 쓸데없는 술자리에 시간을 너무 낭비했다"라는 인상적인 내용이 있었습니다. 20대에는 거의 매일 술을 마셨는데, 어떤 대화를 나누었는지 기억도 나지 않는 술자리를 갖기보다 조금 더 자신의 인생을 풍요롭게 채워갔더라면 어땠을까 하고 후회된다는 이야기입니다. 물론 좋은 사람들과 즐거운 술자리를 갖는 것은 퍽퍽한 삶에 기름칠을 해주기도 합니다. 하지만 일시적인 즐거움이 인생의 궁극적인 행복을 책임지는 것은 아닙니다. 무엇보다도 자칫 인생의 후반부를 너무나 고통스럽게 만들어선 안 될 겁니다.

　　저는 부검실에서 수많은 시신과 마주합니다. 유독 술로 인해 생명을 잃은 사람들을 자주 목격하게 됩니다. 외상 사고, 급성중독, 장기 손상, 자살, 익사, 심지어 너무 평범한 밤의 귀갓길에서도 술은 조용하지만 치명적인 원인으로 작용합니다. 어떤 날에는 '만약 이분이 술을 마시지 않았다면 지금 여기에 누워 있지 않았을 텐데……'라는 안타까움이 가시지 않습니다. 사실 술보다 중요한 건 그 순간을 함께하는 사람들과의 건강한 문화와 마음을 나누는 대화가 아닐까요? 먹고 싶을 때 적절한 양만 즐기고 폭음을 경계하며 내 몸도 마음도 장기적으로 행복해지는 선택을 해나가길 바랍니다.

지금 모두에게 처방하는
가장 확실한 예방법

담배

VOL. 3

　편의점 카운터 앞에서 담배 진열대를 보면 가장 먼저 눈에 들어오는 게 충격적인 경고성 사진들입니다. 구멍이 뻥 뚫린 목, 괴사된 발, 알 수 없는 종양이 가득한 장기의 사진을 보면 누구나 흠칫 놀랍니다. 하지만 한편으로는 '설마' 싶은 마음도 들죠. 그러니 그렇게까지 심각한 사태가 나에게는 일어나지 않을 거라는 근거 없는 자신감으로 또 담배를 피웁니다.

　담뱃갑에 실린 사진들은 법의학자를 비롯한 관련 전문가에게 요청해서 받은 실제 사례입니다. 그것도 흡연자들에게 약간의 충격을 주되 지나친 혐오감을 일으키지는 않도록 적당히 '순한 맛'으로 선정한 결과입니다. 실제로는 훨씬 심각하고 무서운 케이스가 많다는 뜻입니다. 법의학자로서 늘 보는 모습인데도 어떨 때는 그 끔찍한 병변에 흠칫 놀랄 정도입니다.

원래 사람은 아무리 건강한 생활을 해도 운이 나쁘면 자기 노력과 상관없이 질병에 걸립니다. 그런데 담배를 피우면 걸리지 않을 수도 있었던 각종 질병을 일부러 두 팔 벌려 초대하는 것과 마찬가지입니다.

담뱃갑에 실린 사진들의 실체

치아의 변색, 입안의 종양, 폐암 등 담배가 불러오는 질병은 아주 다양합니다. 흡연자라면 담뱃갑에서 익숙하게 마주해왔을 사진들이 어떤 의미를 담고 있는지 구체적으로 한번 들여다보겠습니다.

치아 변색

흡연을 오래 하면 니코틴이나 타르와 같은 화학물질 때문에 아무리 칫솔질을 잘해도 누렇게 착색됩니다. 스케일링을 받아도 입안 구석구석에 남은 화학물질을 모두 제거하기는 사실상 어렵습니다. 그래서 치과의사들은 치아만 봐도 흡연 여부를 바로 알 수 있습니다.

치아의 변색도 문제지만 치아 주변의 연부조직이 망가지는 것이 더 결정적인 문제입니다. 치아 사이사이에 분홍색 잇몸이 꽉 들어차 있어야 하는데 흡연을 오래 한 분들은 듬성듬성 벌어져 있습니다. 치주에 염증성 질환이 발생하여 치아가 망실될 위험이 비흡연자에 비해 2~3배나 높죠. 나이가 들고 치아를 망실하면 아무래도 음식을 먹기 힘들어지기 때문에 영양학적인 문제까지 이어지게 됩니다.

구강암

구강암이 발생하면 입안에 하얗게 암세포가 번식한 게 육안으로도 확인됩니다. 암세포는 빠르게 자라면서 하얀 관 모양을 형성하는 경우가 많고, 혹은 평평한 상피세포처럼 생겼는데 이것이 험상궂게 증식하고 쌓입니다. 출혈을 동반하여 빨갛게 보일 수도 있고요. 구강암의 50%는 흡연이 원인이고, 흡연자는 비흡연자에 비해 구강암의 발생 비율이 무려 10배나 됩니다. 다행인 점은 금연을 하는 즉시 구강암의 발생 확률이 줄어들며, 10년 이상 금연을 하면 거의 생기지 않는다는 겁니다. 물론 바이러스나 다른 물리적 자극이 구강암을 유발할 수도 있지만, 사실상 대부분은 흡연 때문에 발생한다고 보면 됩니다.

후두암

공기를 들이마실 때 코와 입안을 지나 닿는 목 안쪽이 후두인데, 흡연은 후두암도 발생시킵니다. 하루에 한 갑 정도 피우는 흡연자는 비흡연자에 비해 13.5배 이상 후두암 발생 확률이 높습니다. 실제로도 담배를 피우지 않는 아이들의 연령대에서는 후두암이 거의 발생하지 않고, 후두암에 걸리는 경우는 대부분 오랜 흡연자들입니다. 후두암에 걸리면 후두를 제거해야 해서 목에 구멍이 뚫리게 됩니다. 당연히 아프고 고통스러울 뿐만 아니라 말도 제대로 할 수 없습니다.

폐암

담배 하면 대표적으로 생각나는 질병이 다름 아닌 폐암입니다. 비흡연자도 담배 연기를 오래 들이마시면 폐암에 걸릴 확률이 20~30% 올라갑니다. 그래서 흡연도 나쁘지만 간접흡연도 피하라고 하는 것입니다. 담배에는 발암물질이 70~100가지가 나오는 것으로 알려져 있는데 그중 20개 이상이 폐암 유발인자입니다. 하루에 한 갑씩 흡연하면 비흡연자에 비해 폐암 발생률이 25배 이상 증가합니다. 꼭 암에 걸리지 않더라도 흡연을 오래 하면 만성폐쇄성폐질환이 발생하고 폐는 반드시 망가집니다.

흡연이 전신의 혈관에 미치는 영향

담배 연기는 혈관을 따라 흐르기 때문에 전신에도 치명적인 영향을 줄 수 있습니다. 혈관이 심장과 뇌는 물론이고 손끝부터 발끝까지 퍼져 있으므로 흡연으로 인한 손상은 그야말로 온몸에 발생합니다.

동맥경화

기본적으로 담배 연기는 혈관에 동맥경화를 일으킵니다. 혈관벽에 있는 내피세포를 손상하며, LDL이라는 나쁜 콜레스테롤을 산화시키기 때문에 혈관 안에 끈적한 찌꺼기가 남습니다. 이는 염증을 유발하며, 교감신경을 자극해 혈관을 수축시키기도 합니다. 이때 큰 혈관보다는 미세혈관이 더 큰 타격을 받게 됩니다. 말초혈관 질환 환자는 80%가 흡연자라는 통계도 있습니다.

흡연이 실명으로

흡연으로 인해 미세혈관이 손상되는 대표적 예는 '눈'입니다. 흡연은 눈 질환과 안구의 영구적 시력 상실 위험을 증가시킨다고 알려져 있습니다. 눈에는 망막에 혈관을 공급해주는 맥락막이라는 부위가 있는데, 그 혈관들이 굉장히 작고 미세합니다.

약 7㎛인 적혈구 하나가 간신히 지나갈 정도의 굵기인데, 이는 사람 머리카락 굵기의 10분의 1 정도입니다.

이렇게 눈에 보이지도 않을 만큼 얇은 혈관들이 담배로 인해 손상되면 백내장이 생길 수 있습니다. 혈관이 손상되면서 맥락막이나 망막에 산소와 영양분이 제대로 공급되지 않으면 실명에 이르기도 합니다. 영화를 보면 악역들이 서로 대치하면서 담배 연기를 상대방의 얼굴에 뿜으며 모욕을 주는 장면들이 있죠? 이렇게 담배 연기를 직접적으로 눈에 쐬는 것도 실제로 굉장히 건강에 나쁜 행위입니다.

또 담배 연기에는 타르나 포름알데히드와 같은 독성물질, 오염물질을 구성하는 성분인 벤젠 등이 포함되어 있어 산화스트레스를 유발합니다. 산화스트레스란 산소가 환원되지 못하고 체내에 머물며 세포와 조직에 손상을 주는 상태를 말하는데, 특히 혈관 건강을 악화시켜 눈을 비롯한 전신의 미세혈관이 망가지기 쉽습니다.

당뇨병에 기름을 붓는 흡연

당뇨병을 앓는 분은 혈관이 손상되어 발이 괴사되고 급기야 절단하게 되는 일도 있습니다. 그런데 여기에 담배까지 피우면 그야말로 불타는 집에 휘발유를 들이붓는 격입니다. 혈당이 빠르게 오르는 것 자체가 혈관을 망가뜨리고 염증을 일으키는데 담배도 똑같습니다. 혈관의 내피세포를 손상하고 각종 염증을 일으키며 LDL 콜레스테롤을 산화시켜 각종 합병증을 겪을 가능성이 매우 높습니다.

심장질환

우리나라의 사망원인 중에서 단일 질환으로는 심근경색증이 1위입니다. 심근경색증은 심장에 혈액을 공급해주는 관상동맥이 막히면서 심장마비를 일으키는 위험한 질병이죠. 고혈압, 당뇨병, 고령, 염증, 고지혈증, 흡연 등이 심근경색을 유발하는 대표적 위험 요인입니다. 그리고 이 중에서 담배만이 스스로 끊기로 선택할 수 있는 유일한 것입니다.

뇌졸중

흡연은 뇌혈관에도 치명적인 손상을 줍니다. 기화된 담배의 유해 물질은 뇌의 튼튼한 장벽도 손쉽게 뚫고 들어가 악영향을 끼치며, 나이가 들수록 뇌혈관의 탄성도가 크게 떨어집니다. 이로 인해 뇌출혈과 뇌경색 등을 포함하는 뇌졸중이 발생할 수 있습니다.

담배를 피우면서 운동하면 괜찮을까

담배는 왜 유독할까요? 담배에는 수천 가지 화학물질이 포함되어 있는데 그중 70여 가지가 확정적인 발암물질입니다. 그중 하나인 타르는 실제로 만져보면 검고 끈적하여 말 그대로 '독'이라는 것이 실감 납니다. 아스팔트를 만드는 끈적끈적한 물질을 미세하게 꾸준히 흡인하는 행위인 셈입니다. 타르가 폐 속에 축적되면 점막을 덮고 폐의 움직임을 마비시킵니다.

또 다른 대표적 성분인 니코틴도 만만치 않습니다. 담배의 니코틴이 몸속에 들어오면 리셉터Receptor라는 일종의 안테나가 반응합니다. 이는 몸에 혈압을 올리고 맥박을 빠르게 하며 결과적으로 스트레스를 유발합니다. 흡연은 만성 스트레스 유발 물질을 들이마시는 것과 똑같습니다. 그런데도 일시적인 도파민의 분비 때문에 점점 더 니코틴을 갈구하게 됩니다.

비교적 순한 담배는 덜 위험할 것이라는 생각도 착각입니다. 담배마다 타르와 니코틴의 함량이 다르지만, 여전히 모든 담배에는 70여 개의 발암물질이 고스란히 들어 있습니다. 타르와 니코틴 외에도 담배의 수많은 독성물질이 폐를 비롯한 전신의 장기에 손상을 입히며 돌아다니게 됩니다.

혹시 몸에 좋은 음식을 먹고 운동을 열심히 하면 담배의 위험을 피해 갈 수 있을까요? 일말의 기대감을 가지고 싶겠지만 오히려 담배는 그 모든 노력을 무너뜨릴 수 있습니다. 생명과 직결되는 심장과 폐의 기능을 저하시키고, 전신의 혈관을 손상하며, 장기적으로는 운동수행 능력 자체를 떨어뜨립니다. 건강하게 생활하고 싶은 의지가 있더라도 그렇게 할 수 없는 상황이 닥치게 되는 겁니다.

그런데도 한번 손을 대면 습관적으로 담배를 피우게 됩니다. 또 과거에는 관습적으로 일종의 사회생활처럼 담배를 피우기도 했습니다. 니코틴에 반복적으로 노출되면 의존성이 생기기 때문에 자기 신체를 스스로 무너뜨리는 수순을 밟게 됩니다. 사회적인 관습은 과거의 산물로 남겨두고, 개인적인 습관은 보건기관의 도움을 받아서라도 지금 바로 담배를 끊어야 합니다. 그게 지금 이 순간에도 나빠지는 내 몸에 대한 최소한의 방어선을 지키는 일입니다. 동시에 모든 흡연자에게 공통으로 내릴 수 있는 유일하고도 안전한 처방이기도 합니다.

너무 덥거나 추울 때
우리 몸은 파괴된다

온도

VOL. 4

---- ☑ CASE ----

어느 늦은 밤, 집에 있던 아내는 남편의 차량이 아파트 주차장에 들어온다는 입차 알림음을 들었다. 남편은 회식 자리에서 술을 많이 마시고 대리기사를 불러서 온다고 했다. 그런데 한참이 지나도 남편은 집에 올라오지 않았다. 이상하게 여긴 아내는 남편을 찾으러 주차장으로 내려갔지만, 이미 대리기사는 떠난 뒤였고 남편은 전화도 받지 않았다. 일단 다시 집으로 돌아왔지만 아무래도 불안한 마음이 들어 새벽에 다시 주차장으로 내려갔다. 그리고 주차장의 인적 없는 구석에서 사망한 남편을 발견했다.

나중에 CCTV를 보니 대리기사가 주차하고 떠난 후, 남편이 구석에 쓰러져 그대로 잠드는 모습이 확인됐다. 지하주차장인데도 워낙 추운 날이었기에 한파에 노출되어 끝내 동사하고 만 것이다.

✷ ✷ ✷

　우리 몸의 체온은 보통 36.5~37.5°C를 기준으로 봅니다. 특별히 의식하지 않아도 늘 일정한 체온이 유지되고, 혹시나 체온계의 숫자가 너무 높아지면 건강에 적신호가 켜졌다는 사실을 바로 알 수 있습니다. 그런데 여름과 겨울이 더 길어지며 반복되는 사계절 속에서 더위나 추위에 자주 노출되는 와중에 체온이 그렇게 의미 있는 지표일 수 있을까요?

　실제로 체온이라는 건 우리 몸이라는 화학 공장이 잘 돌아가도록 수많은 요소를 정밀하게 조율하여 최적의 균형을 만들어낸 결과입니다. 그래서 적절한 체온을 유지하는 것은 생각보다 훨씬 중요합니다. 추위나 더위 따위는 좀 참으면 된다고 대수롭지 않게 여길지도 모르지만, 극단적인 온도 속에서 오래 노출될 경우 굉장히 심각한 결과가 초래될 수 있습니다.

폭염에 야외 활동이 치명적인 이유

　작년에 군복무를 하던 한 병사가 '밤에 떠들었다'는 이유로 정규 훈련 외의 시간에 완전군장을 하고 연병장을 도는 훈련을 받다가 끝내 사망한 사건이 있었습니다. 무더운 한여름이었고, 쓰러진 병사는 과도한 체온상승으로 인한 횡문근융해증이라는 진단을 받았습니다. 횡문근융해증은 흔히 알고 있는 열사병과 관계가 있는데요. 폭염 속에서 체온이 지나치게 상승하면 사람이 정말로 죽을 수도 있다는 사실을 막상 실감하지 못하는 분이 많습니다.

앞서 언급한 대로, 사람의 정상체온은 36.5~37.5℃를 기준으로 하는데 이는 사람마다, 또 체격에 따라서도 조금씩 다릅니다. 체질량이 비슷하면 지방이 더 많은 여성의 체온이 조금 높은 경향이 있습니다. 또 같은 사람이더라도 시간대에 따라 체온이 달라집니다. 하루를 시작하려고 준비하는 새벽녘에는 콩팥의 모자처럼 생긴 부신이라는 장기에서 코티솔을 분비해 체온이 약간 높아집니다. 코티솔은 부신에서 분비하는 세 가지 호르몬 중 하나인데, 스테로이드라고 생각하면 됩니다.

보통 사람이 생리적으로 버틸 수 있는 온도는 35~40도 정도입니다. 아주 더운 한여름에는 체온이 올라가면서 자연스럽게 땀이 납니다. 땀은 피부에서 증발하며 열을 빼앗아 갑니다. 땀은 체온을 떨어뜨리기 위한 신체적 반응인 셈이죠. 이렇게 땀을 많이 흘릴 정도로 무더운 날씨에 아주 흔하게 발생하는 것이 바로 열사병입니다.

열사병이 시작되면 일단 중심체온$^{\text{Core Body Temperature}}$이 40도

이상으로 급격히 오릅니다(중심체온이란 인체 내부에 있는 뇌, 심장, 간 같은 심부 기관의 온도를 의미하며, 체표면의 온도와 달리 신체의 생리적 항상성을 유지하는 데 핵심적인 역할을 합니다. 정상적인 중심체온은 일반적으로 36.5~37.5°C를 유지하며 시상하부에서 정밀하게 조절합니다). 체온이 너무 높아지니 중추신경계의 기능 저하 문제가 생기면서 구토를 하고 의식이 저하됩니다. 그리고 신체 대사가 제대로 이루어지지 않아 오히려 땀을 점점 흘리지 않게 됩니다. 열사병은 단순히 '더위를 먹었다'고 볼 수 있는 수준이 아니라, 초응급 상황입니다. 몸을 제대로 움직이지 못하다가 혼절하는 경우도 많습니다.

그럼 열사병과 횡문근융해증은 무슨 관계가 있을까요? 횡문근융해증은 열사병 환자에게 흔하게 동반되는데, 쉽게 말해 근육이 붕괴되는 것입니다. 우리 뇌는 지방 성분과 인이 같이 들어 있는 인지질, 그리고 단백질이 많은 부분을 차지하는데요. 달궈진 프라이팬에 버터를 올리면 스르르 녹는 것처럼 뇌에 있는 지질도 40°C 이상의 온도에서는 말 그대로 녹아버립니다. 온몸의 컨트롤타워 역할을 하는 뇌가 녹아버리면 전반적인 신체 대사 체계가 무너지고 근육세포도 파괴됩니다.

이때 병원에서 피검사를 하면 미오글로빈이라는 성분이 나옵니다. 우리 몸의 근육에는 산소를 저장하는 미오글로빈이라는 단백질이 있는데, 뇌뿐만 아니라 횡문근이 녹아버리면서 미오글로빈이 혈액으로 새어 나오게 되는 거죠. 문제는 미오글로빈이 콩팥을 다 망가뜨린다는 겁니다. 정수기 필터에 흙탕물을 계속 부으면 필터가 망가지듯, 미오글로빈이라는 찌꺼기들이 콩팥에서 혈관을 받치고 있는 필터에 다 걸려버립니다.

콩팥이 망가지면 어떻게 될까요? 콩팥 본연의 기능은 나트륨과 칼륨, 여러 미네랄 등을 조절하는 겁니다. 칼륨을 조절하지 못해서 혈액 속 칼륨의 수치가 올라가면 심장이 멈추고 사망하게 됩니다. 열사병이 얼마나 심각한 결과를 초래하는지 그려지나요?

그래서 열사병으로 쓰러지면 병원에서 바로 손상된 콩팥을 회복하기 위해 혈액투석을 하고 수액을 공급합니다. 하지만 발견이나 조치가 늦어 병원으로 이송되는 과정에서 숨을 거두는 분들이 적지 않습니다. 이때 부검해보면 열사병으로 사망한 분들은 콩팥을 시작으로 복합적인 문제들이 다양하게 드러납니다. 간이 손상되어서 AST/ALT 수치가 높아져 있고, 혈액이 굳지 않아 줄줄 새며, 심장에서는 부정맥의 흔적도 확인됩니다.

그러니까 혹서기에는 야외 활동을 최대한 자제하고, 불가피하게 야외에서 일해야 하더라도 짧은 작업 후 시원한 곳에서 충분히 휴식을 취해야 합니다. 군인도 마찬가지입니다. 열이 제대로 발산되지 않을 만큼 훈련을 하는 것은 아주 위험한 일입니다.

열사병으로 사망하는 사례

폭염주의보가 반복되는 여름철에는 특히 내륙지방에서 밭일을 하던 어르신들이 폭염에 노출되어 돌아가시는 사례가 적지 않습니다. 더위에 쓰러지셨더라도 빨리 병원에 가서 응급조치를 받으면 회복할 수 있는데, 안타깝게도 보통 발견이 늦다 보니 사망으로 이어지게 됩니다.

단순히 덥고 땀이 많이 난다고 해서 꼭 열사병으로 이어지는 것은 아닙니다. 처음에는 체온이 오르지 않지만, 체온 조절을 위한 땀 분비와 전해질 균형 같은 말초 기능이 제대로 작동하지 않아 열경련이 생기고 조금 더 심해지면 열탈진이 오게 됩니다. 수분이 부족하고 어지러울 수 있지만 이 단계까지도 천천히 이온음료를 마셔주면 금방 회복됩니다.

문제는 중심체온이 오르면서 찾아오는 열사병인데, 열사병의 유형은 크게 세 가지로 구분할 수 있습니다.

첫 번째는 고전적 열사병입니다. 지속적으로 열파에 노출되는 것을 말합니다. 주로 고령자, 당뇨병 같은 만성질환을 앓고 있는 분들에게 더 위험합니다. 비만이나 알코올중독, 약물남용도 위험 인자에 속합니다. 요즘에는 유럽에서 여름철 이상고온 현상이 늘어났는데, 에어컨 보급률이 높지 않아 열사병에 의한 사망이 사회적 문제가 되고 있습니다.

두 번째로 운동성 열사병이라는 게 있습니다. 젊고 건강한 사람도 더운 날씨에 격렬한 신체 활동을 하면 아주 위험할 수 있습니다. 정상적인 신체에서는 땀이 나면서 체온조절을 하려고 하지만, 심한 운동 시에는 열 발산이 한계에 도달하여 체온이 지나치게 상승하게 됩니다. 그러니까 혹서기에는 운동선수든 군인이든 야외 훈련을 자제하고 열사병에 주의해야 합니다.

또 다른 유형은 우리나라에만 있는 다소 특수한 열사병입니다. 바로 사우나 열사병이죠. 의외로 사우나에서 열사병으로 숨지는 사례가 많습니다. 사우나에 들어가면 노약자와 음주자는 출입을 금한다는 경고 문구가 보이죠? 실제로 술을 마시면 혈관이 확장되어 쉽게 열에 노출되며 수분이 부족해져서 체온을 조절하기 어려워집니다. 우리나라에 고령자가 많아지는 추세라 부검을 하면서도 꽤 자주 보게 되는 케이스입니다. 건강할 때는 사우나의 이점도 분명히 누릴 수 있지만, 노약자이거나 음주했을 시에는 쉽게 쓰러질 수 있어 절대 사우나에 들어가면 안 됩니다.

참고로 더울 때 소금을 드시는 분들이 있는데, 삼투압 현상으로 혈관에서 수분이 빠져나와 열사병이 더 악화됩니다. 더위에 오래 노출된 상황이라면 소금이 아니라 이온음료를 천천히

드시는 게 도움이 됩니다.

열사병으로 쓰러질 경우에 현실적인 문제 중 하나는 급박한 상황이다 보니 병원으로 이송하는 과정에서나 이송한 후에도 체온 측정이 제대로 이루어지지 않는다는 겁니다. 중심체온은 생전에는 구강체온, 사망 후에는 직장체온을 측정해야 알 수 있습니다. 열사병 환자의 체온을 즉시 측정해두지 않으면 정확한 사망원인을 증명하기 어렵기 때문에 보험금을 수령하지 못하는 결정적 이유가 되기도 합니다.

제일 중요한 점은 더운 날에 무리하지 않는 겁니다. 더위를 참는 건 절대 좋은 방법이 아닙니다. 열사병은 충분히 예방 가능한 만큼 순간적인 선택과 대처가 생명을 지킬 수도 있다는 걸 기억해야 합니다.

목욕 중 숨지는 경우도 있다

이와이 슌지 감독의 영화 〈러브레터〉에는 유명한 장면이 있죠. 설원을 향해 "오겐키데스카 お元気ですか!"를 외치는 주인공, 배우 나카야마 미호가 54세의 나이로 세상을 떠났다는 소식이 전해졌습니다. 일본의 몇몇 언론에서는 사인을 '히트 쇼크'라고 보도했지만 정확한 부검 결과는 '목욕 중 익사'였다고 합니다. 목

욕 중에 익사할 수 있는지 다소 의아하게 느껴지죠. 이 두 가지 모두 온도변화로 인해 심혈관계에 무리가 가면서 발생하는 사고입니다.

일단 애초에 사인으로 추정된 히트 쇼크는 일본에서 주로 사용하는 용어인데, 급격한 온도변화 때문에 발생하는 심각한 건강 문제를 통칭합니다. 추운 날씨에 뜨거운 온천에 들어갈 때처럼 신체 온도가 급변하면 특히 65세 이상 노령자들의 심장에 부담을 줄 수 있습니다. 노화로 혈관의 탄력성이 감소하고 혈압 조절 능력이 떨어지면서 급격한 온도변화에도 대처하기 어렵기 때문입니다. 일본은 아무래도 온천 문화가 발달하다 보니 일본 보도에 따르면 매년 1만 9,000명 정도가 히트 쇼크로 사망한다고 알려져 있습니다.

히트 쇼크를 예방하기 위해서는 입욕 전에 스트레칭을 하고, 따뜻한 물로 샤워해 서서히 체온을 높인 뒤 입욕하는 게 좋습니다. 체내 수분이 부족해지지 않도록 물은 충분히 마셔야겠죠. 입욕 시간은 하루에 아침저녁으로 두 번, 10분에서 15분을 넘기지 않습니다.

욕조 내 사망은 히트 쇼크와는 다르지만, 이 역시 심장에 부담을 주며 사망에 이르는 케이스입니다. 아직 우리나라에서는 흔하지 않지만, 우리나라도 초고령사회에 진입했으니 주의해서 나쁠 리 없습니다. 대부분 심장질환을 가진 분들이 무리하게 오랫동안 입욕해 있다가 욕조 내 사망에 이르곤 합니다. 보통은 반신욕이 혈액순환을 도와 몸에 좋은 영향을 주지만, 심장질환이나 뇌질환이 있는 분들이 과도하게 오랫동안 뜨거운 물에 몸을 담그고 있으면 혈관이 확장되고 심장에 무리가 갈 수 있어 위험합니다.

특히 술을 마시고 반신욕을 하는 것은 절대 금물입니다. 알코올은 혈관을 확장하는 동시에 대사 과정에서 수분을 빼앗아가기 때문에 체내에 필요한 혈액량이 줄어들어 갑작스러운 사망으로 이어질 수 있습니다. 하루 일과를 마치고 욕조에서 몸을 데우는 시간은 휴식과 힐링이 되어주지만, 그전에 자기 몸에 대해서 잘 알고 무리가 가는 행동은 피하는 것이 좋겠죠.

얼어 죽기 직전에 왜 옷을 벗을까

아주 더울 때와 마찬가지로 아주 추울 때도 우리 몸은 위험해집니다. 얼어붙은 길가, 지하주차장, 골목길…… 어디에서든 겨울철에는 동사, 즉 저체온증에 의한 사망Hypothermic Death이 발생합니다. 그런데 동사에 가까워진 사람들은 다소 이해되지 않는 행동을 하기도 합니다.

추운 겨울날, 회식 후 술에 취해 택시를 타고 집 앞 골목길에서 내린 여성이 있었습니다. 그런데 다음 날 아침에 경찰이 출동하고 난리가 났습니다. 젊은 여성이 옷이 벗겨진 채 골목길에서 시신으로 발견된 겁니다. 옷이 벗겨져 있으니 성범죄가 의심되는 상황이었지만, 현장 조사에서는 발자국을 비롯해 타인이 접근한 흔적이 없어 이상하게 여겨졌다고 합니다. 그런데 이 여성의 시신을 부검대에서 보자마자 이건 동사일 수도 있겠다는 생각이 들었습니다.

동사에서는 모순탈의Paradoxical Undressing라는 현상이 꽤 나타납니다. 동사로 돌아가신 분들의 50%가 양말이든 장갑이든 몸에 걸치고 있던 걸 벗어던진 채 발견되고, 10% 미만이지만 옷까지 다 벗는 분들도 있습니다. 그 이유는 부신에서 분비하는 에피네프린이라는 스트레스 호르몬이 우리 뇌의 체온조절중추에 자극을 주기 때문입니다. 실제로는 몹시 추운 상황인데 뇌에 덥다는 신호를 보내며 착각을 일으키는 것입니다. 결국 그 여성의 사인은 모순탈의뿐만 아니라 부검 후 다양한 증거를 바탕으로 하여 동사로 확인하게 되었습니다.

또 다른 기억에 남는 사건이 있는데요. 이번에는 경찰이 만취자 신고를 받고, 한 중년 남성을 바로 집 앞까지 데려다주었다고 합니다. 계단을 올라가면 바로 현관이 나오는 집이라서 계단 앞까지 동행을 했는데, 그다음 날 이 남성은 계단에서 그대로 사망한 채 발견됐습니다. 부검 결과, 사망원인은 저체온사, 즉 동사였습니다. 집을 코앞에 두고 사망한 사건이라 당시 동행한 경찰도 그 남성이 집 안으로 들어가는 걸 미처 확인하지 못했다며 자책하고, 본인에게도 황망한 죽음이니 참 여러모로 안타까운 일이었죠.

한파주의보가 내리는 겨울날이면 법의학자들은 자연히 이렇게 술과 연관된 동사를 걱정하게 됩니다. 저체온을 유발하는 특히 위험한 촉매가 바로 음주입니다. 만취하면 반사신경이 둔해지고 보행이 불가능해지며 혈관이 확장되어 체온을 더 빠르게 빼앗깁니다. 의식이 저하되어 잠들기라도 하면 동사를 할 위험은 기하급수적으로 높아지죠. 어쩌면 일어나지 않을 수도 있었던 일이라고 생각하면 정말 유감스러울 뿐입니다.

우리 몸은 정교한 체온조절 시스템을 갖추고 있기 때문에 추위에 노출되면 스스로 대사를 활발히 하며 체열을 유지하려 합니다. 하지만 바깥 기온이 너무 낮으면 조절 능력에도 한계가 오며 피치 못하게 체온이 떨어집니다. 이때 우리에게 조금 더 익숙한 용어가 바로 '동상'이죠. 신체의 특정 부위에 국소적으로 저온 손상이 생기는 것을 동상이라 하고, 이게 전신으로 심하게 번지면 불행하게도 동사가 발생할 수 있는 겁니다.

동상이 발생하기 전에 피부가 화끈거리고 가려워지는 '동창' 단계가 있습니다. 손발에 물기가 많은 채로 4~8℃ 온도에 오래 노출되면 피부의 모세혈관이 확장되면서 발적이 생기고 후끈거리는 느낌이 드는 것을 말합니다. 따뜻한 곳에 들어오면 금방 괜찮아지니 본인도 잘 모르고 넘어가는 경우가 많습니다.

  하지만 영하에서는 동상이 잘 생기는데, 동상은 얼었던 조직이 녹으면서 생기는 염증성 괴사성 변화를 말합니다. 동상은 주로 손가락이나 발가락 같은 말초 부위에 나타나는데, 증상에 따라 1도에서 4도까지 네 단계로 구분합니다.

  1도 동상(홍반성 동상)은 일시적으로 혈관이 수축하고 산소 공급이 줄어드는 상태입니다. 추운 곳에 오래 노출되면 체온을 지키기 위해 말초에 있는 혈관들이 수축하면서 피부가 창백하고 무감각해집니다. 그런데 혈관이 너무 좁아지면서 적혈구까지 통과하지 못할 정도가 되면 산소가 전달되지 않으니 갑자기 혈관이 탁 풀어집니다. 그러면 혈액이 혈관 바깥으로 새면서, 처음에는 하얘졌던 손끝이 오히려 뜨끈해지면서 붉어지게 됩니다. 이 상태가 오래 지속되면 2도 동상(수포성 동상)으로 진행되는데, 피부에 수포가 생기면서 통증이 심해지고 흉터가 남을 수 있습니다.

  그래도 여기까지는 금방 회복이 가능한 단계인데 3~4도 동상(괴사성 동상)부터가 문제입니다. 3도 동상으로 진행되면 혈액이 혈관 밖으로 새어 나오며 조직이 괴사됩니다. 4도 동상까지 진행되면 괴사된 부위를 절단하기도 합니다. 산악인들이 발가락이나 손가락을 절단하는 사례는 대부분 이 단계입니다. 실제로 산악인 엄홍길 대장도 발가락을 절단해야 했는데, 극한의 추위 속에 오래 노출되면 결국 손발이 괴사되기 때문입니다.

뇌를 잠들게 하는 동사

우리 몸은 정상체온에서 1℃만 떨어져도 매우 민감하게 반응합니다. 35℃가 되면 피로감이 몰려오고 나른해지며 행동이 느려집니다. 31~34℃가 되면 졸음이 몰려오며 의식이 혼탁해지고, 30℃ 미만까지 떨어지면 이내 사망에 이릅니다.

체온이 떨어지면 우리 몸의 화학 공장은 점차 가동을 멈춰버립니다. 몸에서 에너지를 저장하고 사용하려면 세포가 ATP(아데노신삼인산)를 만들어야 하는데, 이때 필요한 것이 포도당입니다. 그런데 체온이 너무 낮아지면 글리코겐을 포도당으로 바꾸고 이를 ATP로 전환하는 속도가 느려지면서 결국 몸에 에너지가 부족해지죠.

이때 가장 큰 타격을 받는 것이 뇌입니다. 뇌는 인체 에너지

중에서 50%나 되는 당분을 혼자 연료로 사용합니다. 그런데 당분이 떨어지니 뇌의 기능이 저하될 수밖에 없겠죠. 그래서 영화를 보면 한파 속에서 조난당한 사람에게 아무리 "잠들지 마"라고 큰소리를 쳐도 끝내 눈꺼풀이 내려옵니다. 본인의 의지와 상관없이 뇌가 깨어 있을 힘이 없는 겁니다. 그러다 마침내는 잠든 것처럼 의식 없이 사망하게 됩니다.

그럼 법의학자가 보는 동사의 흔적에는 어떤 것들이 있을까요? 우선 외관상 '시반'을 확인합니다. 사망 후에는 심장이 멈추기 때문에 혈액이 중력 방향으로 고이면서 피부의 아래쪽에 검붉은 착색이 생기게 됩니다. 이를 시반이라고 하는데, 저체온으로 사망한 경우에는 산소가 부족해 검붉은색이 아니라 밝은 분홍색을 보이는 경향이 있습니다.

그 외에도 흔히 닭살이라고 하는 피부가 오돌토돌해지는 현상이나 좌심실의 혈액이 아주 붉은 선홍색을 띠는 모습도 확인할 수 있습니다. 혈액검사를 하면 체온이 급격히 떨어질 때 지방이 분해되며 생긴 케톤의 수치가 증가한 것도 관찰됩니다.

동사의 위험 요인은 기본적으로 추운 기온이지만, 꼭 영하의 날씨에만 저체온이 발생하는 것은 아닙니다. 5도에서 10도 안팎의 기온에서도 동사가 발생하며, 특히 타이완처럼 따뜻한 나라에서는 10도만 되어도 동사자가 생깁니다. 풍속도 영향을 끼치죠. 같은 기온이라도 바람이 많이 불면 체온을 더 빨리 빼앗기게 됩니다.

　물에 빠지거나 몸이 젖은 상태에서도 저체온이 더 쉽게 올 수 있고, 앞서 언급했듯 음주도 주된 위험 요인 중 하나죠. 그 외에도 고령자는 체온조절 기능이 상대적으로 떨어져 더욱 주의해야 합니다. 특히 당뇨병은 혈관을 좁게 만들기 때문에 체온조절에 더욱 불리한 요인이 됩니다. 간과하기 쉬운 위험 요인 중 하나는 공복입니다. 숙련된 산악인들이 종종 초코바나 단 음식을 챙기는 이유가 여기에 있습니다. 체온을 유지하려면 에너지원이 필요한데, 포도당과 같은 단순 탄수화물은 빠르게 에너지를 공급해 체온을 유지하는 데 도움을 줍니다.

　결국 저체온을 예방하려면 방한용품을 잘 챙겨 착용하며 몸을 따뜻하게 하는 것이 핵심입니다. 노약자나 당뇨병 환자는 더욱 주의해야 하며 음주 시에도 무리하지 말고 귀가하는 것이 좋습니다. 동사는 꼭 남극에서 조난당해야 발생하는 드라마틱한 사건이 아닙니다. 생각보다 가까이, 일상에서 갑작스럽게 닥쳐올 수 있는 사고입니다.

　우리가 여름과 겨울을 '계절'로만 인식하는 동안 누군가는 그 변화에 생명을 잃습니다. 열과 추위는 결코 단순한 날씨가 아니라 생명을 유지하는 몸의 균형을 벗어났다는 신호입니다. 법의학자가 가장 자주 마주하는 비극은 사실 조금만 주의를 기울였더라면 막을 수 있었던 죽음들입니다. 체온은 생명의 불꽃이고, 그 불꽃은 생각보다 자주 꺼질 수 있습니다. 기억해주세요. 우리가 조절할 수 있는 건 날씨가 아닙니다. 그 날씨에 잘 '대응'해야 할 뿐이죠.

단 한 번의 사용도
위험하다

스테로이드

VOL. 5

CASE

40대 남성 A씨는 경제적으로 매우 부유한 생활을 하고 있었다. 운동을 좋아하여 집 안에 개인 헬스장을 꾸며놓을 정도였다. 누가 봐도 탄탄한 근육에 건장해 보이는 체격을 가진 그는, 어느 날 아무도 예상치 못하게 사망하여 부검대에 올랐다.

부검 결과는 충격적이었다. 가슴을 열고 심장을 꺼내는 순간, 말도 안 되게 묵직한 무게가 느껴졌다. 일반적인 성인 남성의 심장 무게는 280~320g 정도지만 그의 심장은 무려 600g에 달했다. 체격이 크면 심장도 다소 클 수 있지만 이는 명백히 비정상적인 수치였다.

이처럼 심장이 비정상적으로 커지는 일은 대개 고혈압성 심장질환이 있거나 오랫동안 본인의 건강상태를 인지하지 못한 채 방치했을 때 간혹 발생할 수 있다.

A씨의 경우는 근육이 울끈불끈할 만큼 매우 크게 발달해 있어 혹시나 스테로이드를 사용하지 않았을까 했는데 아니나 다를까 그러한 정황이 있었다. 이는 심장에 무리를 주는 스테로이드의 전형적인 부작용 중 하나로, 부검 결과에서는 최종적으로 심비대로 판단됐다.

✳ ✳ ✳

 1988년 서울올림픽 당시에 100m 달리기에서 세계신기록으로 1위를 차지한 벤 존슨^{Ben Johnson}이라는 선수가 있었습니다. 그때까지 부동의 1위였던 칼 루이스^{Carl Lewis}를 꺾고 급부상한 선수의 등장에 세계가 깜짝 놀랐습니다. 하지만 얼마 가지 않아 그는 금메달을 박탈당했습니다. 한국과학기술연구원^{KIST} 도핑 센터에서 확인한 결과, 불법 약물인 스테로이드가 검출된 겁니다. 결국 벤 존슨은 세계신기록이라는 영광의 타이틀을 내려놓고, 도핑 사건이 터질 때마다 단골로 언급되는 불명예를 안게 되었죠.

 사실 스테로이드가 대중에게 광범위하게 알려진 지는 그리 오래되지 않았습니다. 그래서 스테로이드를 만병통치약으로 여기기도 하는 등 다소 혼란스러운 정의가 혼재되어 있습니다. 스테로이드가 도대체 무엇이고, 어떻게 사람의 몸에 작용하는 걸까요? 스테로이드는 때로 인간으로서 불가능한 영역에 닿게

해주지만, 대신 본연의 자신으로서 살아가는 삶을 완전히 포기해야 할 수도 있습니다. 이것은 비유가 아닙니다. 실질적인 죽음을 의미합니다.

인위적인 스테로이드 주입의 결과

스테로이드는 원래 체내에서도 자연스럽게 생성됩니다. 의외로 우리가 알고 있는 여러 호르몬이 스테로이드 계열에 포함된다고 보면 됩니다. 이런 호르몬들은 연령이나 스트레스, 신체 상태 등에 따라 자연스럽게 분비량이 달라지며 우리 몸의 항상성 유지를 돕는 순기능을 맡고 있습니다.

스테로이드의 종류는 크게 두 가지로 나뉩니다. 먼저 코티코스테로이드는 콩팥 위에 모자처럼 자리한 부신의 피질에서 주로 생성되는데 코티솔, 알도스테론 등의 호르몬이 이에 해당됩니다. 코티솔은 스트레스를 조절하고, 알도스테론은 몸속의 나트륨과 칼륨 농도에 관여하여 혈압 조절에 중요한 역할을 합니다.

그런데 우리가 흔히 '스테로이드'라고 부르면서 문제 삼는 건 바로 동화작용을 촉진하는 아나볼릭 스테로이드입니다. 대표적으로 테스토스테론이 있는데, 이는 고환에서 분비되며 여성에게도 존재하지만 주로 남성의 몸에서 중요한 생리적 역할을 합니다. 남성이 2차 성징을 보일 때 목소리가 굵어지고 골격이 커지는 것도 테스토스테론의 기능 중 하나입니다. 또한 단백질 합성을 촉진하여 근육을 더욱 성장시키는 역할을 하죠.

문제는 이러한 작용을 증폭하기 위해 인위적으로 스테로이드를 주입하는 경우입니다. 앞서 살펴본 케이스와 같이, 일부 사람들은 짧은 시간에 더 선명한 근육을 빠르게 키우려고 스테로이드를 사용합니다. 그러면 노력만으로는 만들 수 없는 수준의 우락부락한 근육을 단기간에 키울 수 있겠지만, 그에 따른 대가는 결코 가볍지 않습니다.

몸에서 자연스럽게 분비되는 것 외에 외부에서 인위적으로 스테로이드를 넣어주면 어떻게 될까요? 원래 고환에서 테스토스테론이 분비돼야 하는데, 이미 몸속에 스테로이드가 주입되어 있으면 테스토스테론 분비를 멈춰버립니다. 그럼 고환이 위축되어 발기불능, 무정자증이 생길 수 있고 성욕도 감소합니다. 여성도 테스토스테론을 인위적으로 주입하면 목소리가 굵어지고 월경이 불규칙해지거나 멈추게 됩니다. 남녀 모두에게 탈모가 생기기도 하죠.

스테로이드는 한 번이라도 맞기 시작하면 그 욕구가 지속적으로 증가할 수밖에 없습니다. 그러다 보면 호르몬 불균형 이외에도 심혈관계를 비롯한 전체적 균형이 모두 무너지게 됩니다. 좋은 콜레스테롤인 HDL은 낮아지고 나쁜 콜레스테롤인 LDL이 올라가죠. 몸의 근육만 커지는 게 아니라 심장의 근육도 같이 커지면서 혈관이 이를 감당하지 못해 탄력성이 떨어지고 결과적으로는 급사할 위험성이 높아집니다.

그뿐만 아니라 스테로이드는 정서적인 부작용도 일으킵니다. 과거 메이저리그에서 대약물의 시대라 불리던 때가 있었습니다. 당시에 연달아 홈런이 나오며 엄청난 신기록이 이어졌죠. 하지만 선수들의 감정 기복이 매우 심해 지나치다 싶을 정도로 싸움이 쉽게 일어나는 기이한 현상이 있었습니다. 이는 스테로이드가 뇌의 감정 조절 중추인 전전두엽과 편도체에 영향을 주기 때문입니다. 뇌 기능이 변화하면서 공격성이 증가하고 충동 조절 능력이 저하되며, 일명 '로이드 분노[Roid Rage]'라고 불리는 상태에 빠질 수 있습니다. 그래서 감정 조절이 안 되어 쉽게 화를 내고, 세로토닌이나 도파민도 그 영향을 받아 우울증이 발생하기도 합니다.

무엇보다 대약물의 시대를 풍미한 선수들의 프로필을 살펴보면 수명이 짧았던 사례가 많습니다. 이처럼 스테로이드를 인위적으로 주입하는 행위는 생명에 지장을 줄 만큼 매우 심각한 부작용들을 초래합니다.

단 한 번의 유혹도 위험하다

병원에서 처방하는 스테로이드는 엄연히 부신피질 호르몬계로, 약물학적 용도와 용량이 엄격히 관리됩니다. 헬스장에서 불법으로 유통되는 아나볼릭 스테로이드와는 완전히 다른 계열이므로 혼동하지 말아야 합니다. 특히 자가면역질환, 관절염, 천식 등은 스테로이드를 약물로 쓰지 않으면 생명이 위험해질 수도 있어 의사의 판단에 따라 신중하게 처방됩니다. 다만 이 경우에도 부작용을 최소화하기 위해 엄격한 용량과 복용 기간을 지키는 것이 원칙입니다. 병원에서 처방받은 스테로이드는 지침에 따라 복용해야 하며 오히려 임의로 끊으면 안 됩니다.

이와 같은 의학적 이유가 아니라 근육을 키우려고 스테로이드의 유혹에 휩쓸리면 예기치 못한 결말을 초래할 수 있습니다. 운동을 많이 하는 분들이 건강할 것 같지만, 실제로 근육량이 높은 젊은 청년들을 부검하게 되는 일도 꽤 많습니다.

한순간의 욕심으로 소중한 젊은 날들을 떠나보내지 않도록 위험한 유혹에는 단호하게 고개를 젓는 결단이 필요합니다. 유혹을 이겨내는 힘이 진정으로 강한 힘입니다.

몸과 정신이
동시에 무너지는 약물

다이어트 약

VOL.6

우리나라에서는 유독 다이어트에 많은 관심을 보입니다. 그러다 보니 정말 다양한 다이어트 방법이 시도되곤 합니다. 물론 건강하게 소식하고, 많이 움직이며 운동하는 게 가장 이상적이라는 걸 모르는 분은 없을 겁니다. 그런데도 여건상 여러 가지 이유로, 혹은 힘들고 조급한 마음에 다이어트 약을 찾습니다.

15여 년 전에 다이어트를 하는 여성들 사이에 '나비약'으로 유명했던 다이어트 약이 있었습니다. 바로 펜터민^{Phentermine}입니다. 알약 모양이 나비처럼 생겼다고 해서 귀여운 별명으로 불렸지만, 사실 굉장히 위험한 약입니다. 그동안 은밀히 사람들의 생명을 갉아먹다가 이제는 그 위험성이 잘 알려져 처방과 복용에 매우 주의를 요하고 있습니다. 단순히 살을 빼준다는 관점에서 바라볼 것이 아니라 그 약이 우리 몸속에 들어가 도대체 어떤 일을 하는지 분명히 알아야 합니다.

너무나도 위험한 식욕억제제

2024년에 유명한 정신과의사가 운영하는 병원에 입원한 30대 여성이 사망한 사건이 있었습니다. 이 여성은 7년 전부터 식욕억제제로 펜터민(디에타민)을 처방받아 복용해왔다고 합니다. 그러다가 지나친 수면이나 결벽증 등 펜터민의 중독 증세가 찾아와 벗어나려고 입원하여 치료를 받다가 갑작스레 사망하게 되었습니다. 사망의 직접적인 원인은 장폐색으로 알려졌습니다.

이 여성이 오랫동안 복용한 펜터민이 무엇이고, 또 왜 중독 증세를 보이게 되었을까요? 15~16년 전에는 다이어트를 위해 펜터민에 프로작(플루옥세틴), 그리고 항히스타민제인 클로르페니라민을 같이 복용하는 것이 유행처럼 번졌습니다.

그런데 그렇게 약물을 고의적으로 복용하다가 스스로를 사망에 이르게 하는 사례들이 발생했습니다. 그 결과를 실제로 선명하게 마주하다 보니, 법의학계에서는 당시부터 이미 펜터민과 프로작 등을 섞어서 복용하는 일이 얼마나 심각한 영향을 주는지 인지했습니다. 제가 근무하는 서울대 법의학교실에서 관련 논문이 발표되기도 했습니다. 아니나 다를까, 이후 이 두 약물은 '세로토닌증후군' 위험성 등으로 인해 병용 처방이 제한되거나 금기됐습니다. 특히 장기 복용을 하면 자살 위험을 증가시킨다는 보고도 있어 의약계와 법의학계 모두 주의를 기울이게 되었습니다.

여기에서 핵심이 되는 펜터민은 어떤 약일까요? 다이어트 약이니 기본적으로 식욕을 억제하며, 주로 비만 치료에 사용됩니다. 이 약을 먹으면 뇌에서 노르에피네프린과 도파민을 분비합니다. 그러면 흥분과 행복감이 찾아오며 붕 뜨는 기분을 느끼게 됩니다. 흥분상태에서 에너지가 높아지며 살도 자연스럽게 빠집니다. 그런데 어딘가 좀 수상하지 않나요? 도파민 분비를 인위적으로 촉진하는 약물은 중독성과 의존성이 강해 '향정신성 의약품' 또는 '중추신경계 자극제'로 분류되며, 일부는 마약류로 지정되기도 합니다.

그래서 펜터민은 마약류관리법 제2조 제3호 '라'목에 의해서 향정신성 의약품으로 지정되어 있습니다. 향정신성 의약품은 인간의 중추신경계에 작용하여 정신상태에 영향을 미치는 약물이므로 매우 신중하게 사용해야 합니다. 미국 FDA에서는 펜터민을 비만 치료용으로 승인하긴 했지만 12주 이하의 단기 사용만을 허가합니다. 위의 사례처럼 7년이나 복용한 경우는 이미 중독되어 여러 병원을 전전하며 처방받았거나, 불법적인 경로를 이용해야 했을 겁니다.

　절실하게 다이어트를 하고 싶은 분들에게 펜터민이 큰 유혹으로 다가오는 건 사실입니다. 단기간에 살이 확 빠지는 게 눈에 보이는 데다가 가격도 저렴한 편입니다. 한번 경험하고 나면 '그때 이 약으로 살을 많이 뺐는데……' 하면서 또 찾게 되는 거죠. 장기적으로는 처방받을 수 없으니 불법적으로 구하기도 하고요. 펜터민이 향정신성 의약품으로 지정되지 않았던 2008년 무렵에는 오히려 의사나 약사가 다이어트 약으로 광고를 하기도 했습니다.

　하지만 펜터민을 3개월 이상 먹고 나서 겪을 부작용은 무시무시한 수준입니다. 일단 입이 바짝바짝 마르며 변비, 불면증, 두통이 찾아오고 심박수가 증가하며 혈압이 올라 가슴이 아프고 호흡이 어려워집니다. 원래 심장질환을 가지고 있다면 심장질환이 악화되며 심부전이 생기고, 뇌졸중이나 급사로 이어질 가능성도 있습니다. 녹내장 환자는 혈압이 높아지며 실명까지 할 수 있으므로 절대로 복용하면 안 됩니다.

　또한 펜터민은 복용 기간이 길어질수록 정신 건강에도 악영향을 미칩니다. 우울증, 조현병 등이 생길 수 있고, 약을 끊으면 금단현상까지 찾아옵니다. 극심한 피로감과 우울증, 수면장애를 겪게 되는데 이게 또 마약의 금단현상과 똑같습니다. 게다가 약을 끊으면 그동안의 반작용으로 식욕이 증가하여 폭식을 하는 문제도 있습니다.

무엇보다 약이라는 건 장기로 먹으면 내성이 생겨 효과가 떨어지다 보니 대개 용량을 늘리게 됩니다. 당연히 부작용과 금단현상도 심해질 수밖에 없습니다.

잘 아시다시피 다이어트의 정석은 명확하죠. 균형 잡힌 식단과 운동, 충분한 수면입니다. 조금 느리게 느껴질지 모르지만, 이 세 가지가 가장 확실하고 안전한 방법입니다. 단기간에 살을 빼고 싶다는 조급한 마음으로 약물에 의지하다 보면 결국 사고가 생깁니다. 정신적으로나 신체적으로나 피폐해져서 다이어트를 하지 않느니만 못하게 되는 겁니다.

기적의 다이어트 약, 위고비

최근에는 비만치료제의 게임 체인저로 위고비라는 약이 새롭게 등장했습니다. 테슬라 CEO인 일론 머스크가 다이어트에 성공한 뒤에 이 약을 기적적인 치료제라고 소개하며 더욱 유명해졌죠. 위고비는 매일 약물로 복용하는 것이 아니라 일주일에 한 번만 피하주사로 맞으면 됩니다. 그것만으로 식욕과 체중이 줄고 심지어 혈당도 조절된다고 하니, 왠지 안 쓰면 손해인 것 같은 기분마저 듭니다. 하지만 위고비도 단순히 살 빠지는 주사로 쉽게 생각하면 안 됩니다. 세상에 완벽하게 안전한 약이란 없으며, 어떤 다이어트 약도 마법을 부리지 못합니다.

정확히 위고비가 어떤 약일까요? 위고비는 2021년에 미국 FDA가 승인한 비만치료제입니다. 주성분은 세마글루타이드Semaglutide로 원래는 당뇨병 치료제였습니다. 당뇨병 치료제로 쓰일 때 부작용으로 살이 빠지는 걸 보고 비만치료제의 기능성을 발견한 겁니다. 이에 노보노디스크라는 덴마크 제약회사에서 본격적으로 개발하여 FDA 승인을 받게 되었습니다.

위고비의 성분인 세마글루타이드는 GLP-1 수용체 작용제입니다. 대표적인 역할은 인슐린 분비 촉진과 위 배출 지연, 그리고 뇌 시상하부의 식욕 억제입니다. '시상'은 뇌 안쪽 깊숙한 곳에 있는 구조물인데 식욕을 담당하는 중추이기도 합니다. 밥을 먹고도 디저트가 당길 때 '이제 그만 먹어'라고 말해주는 게 바로 GLP-1이라는 뜻이죠.

쉽게 말해서 위고비를 맞으면 뇌에서 배가 부르다고 속여 음식을 덜 먹게 됩니다. 또 위가 운동을 잘 하지 않으니 속이 더 부룩하면 밥 생각이 안 나는 것처럼 식욕이 자연스레 줄어듭니다. 그 결과로 살이 빠지는데, 의학적으로는 평균적으로 1년 4개월 정도 사용하면 체중 15kg가량 감소한다고 알려져 있습니다.

최근 대규모 연구에서는 비만이나 과체중이면서 심혈관질환이 있는 환자에게 위고비를 사용했습니다. 그 결과, 심근경색증이나 뇌경색증 등 심혈관계 위험까지 감소한다는 것이 입증되어 위고비의 치료 범위도 확대되는 추세입니다.

세상에 완벽하게 안전한 약은 없다

언뜻 살펴보면 위고비를 안 쓸 이유가 없을 것 같죠. 그럼 식욕이 넘쳐나거나 살을 빼고 싶은 분들은 당장 병원에 가서 위고비를 찾으면 되는 걸까요? 그렇지 않습니다. 약이라는 건 무조건 부작용이 있기 마련입니다.

의학적으로 위고비가 필요한 분과 위고비를 쓰면 안 되는 분이 따로 있습니다. 일단 위고비의 대상자는 그냥 좀 통통해서 살을 빼고 싶은 사람이 아니라 실제로 체중 때문에 심각한 문제를 겪는 사람입니다. 체질량지수(Body Mass Index, BMI)가 30 이상이거나, BMI는 27 정도지만 고혈압, 고지혈증, 당뇨병 등 비만 관련 질환이 있는 경우에 위고비의 도움을 받을 수 있습니다. 약의 부작용이 있다고 해도 비만이 심혈관계에 미치는 영향이 더욱 크기 때문입니다.

반면 임신 또는 수유 중인 여성, GLP-1 작용제에 알레르기가 있는 경우, 위장관이 자주 마비되거나 췌장염 병력이 있는 경우, 갑상선 수질암 등이 있는 경우에는 위고비를 쓸 수 없습니다. 그래도 위고비를 쓰고 싶다면 반드시 의사에게 고지하여 전문가의 처방을 받아야 합니다. 우리나라에서는 18세 미만의 청소년, 75세 이상의 고령자에게도 위고비의 사용을 금합니다.

비만은 만병의 근원이니 살을 뺄 수 있다면 좋은 일인데, 위고비의 사용 기준이 이처럼 엄격한 이유가 무엇일까요? 우선 위고비를 썼을 때 나타나는 일반적 부작용들이 있습니다. 위고비는 위의 운동이 활발하게 일어나지 않도록 유도하는 약입니다. 사람에 따라 메스꺼움, 구토, 설사, 변비 등이 나타날 수 있습니다. 또 식욕감퇴와 복부 팽만감이 느껴지기도 하는데, 살이 빠진다고 해도 매번 소화가 안 되고 속이 더부룩하면 삶의 질이 떨어질 수밖에 없습니다.

이러한 부작용은 일정 기간이 지나면 대부분 감소하여 일반적으로는 용량을 조절하며 지켜봅니다. 하지만 주의가 필요한 심각한 부작용도 있습니다. 췌장염, 담석증, 신장 기능의 악화를 비롯해 기분 변화 및 우울 증상도 일부 보고되고 있습니다. 또 갑상선 수질암의 발병과 관련 있다는 보고도 나와, 갑상선암을 앓은 병력이 있으면 반드시 의사에게 고지해야 합니다. 현재로써는 인과관계가 완전히 확정되지는 않았지만, 비동맥성 전방허혈성 시신경변증이라고 해서 뇌의 작은 혈관들이 위고비의 영향을 받으며 시력이 크게 손상될 수 있다는 지적도 받았습니다. 적어도 이러한 부작용을 알고 위고비를 사용해야 합니다. 그래서 위고비도 기본적으로는 비만으로 인한 대사질환이 심각한 분들에게 3~4개월 단기 복용을 추천하고 있습니다.

위고비는 기적의 약이라 할 만합니다. 하지만 비만으로 이어지는 생활 습관 자체를 개선하는 약이 아니기 때문에 약을 끊으면 다시 체중이 증가할 수 있습니다. 아무리 좋은 약이라고 해도 그것만으로 모든 것이 해결된다고 맹신하면 곤란합니다. 필요에 따라 위고비를 복용한다고 해도 생활 습관을 근본적으로 탈바꿈하겠다는 의지가 필요합니다. 그것이 유일하게 지속 가능하며 안전한 다이어트 방법입니다.

위고비는 애초에 다이어트 만능 주사나 미용 목적의 처방약이 아닙니다. 게다가 다이어트 목적의 약은 물론이고 어떤 의약품이든 반드시 의학적인 판단에서 벗어나지 않는 선에서 안전하게 복용하는 것이 우선입니다. 어떤 식으로든 삶을 조금 더 멋지고 행복하게 살고 싶은 마음은 당연합니다. 하지만 그 바람이 내 삶을 무너뜨리는 결과로 이어져서는 결코 안 될 것입니다.

**시체는
거짓말하지
않는다**

초판 1쇄 발행 2025년 10월 15일
초판 5쇄 발행 2025년 12월 30일

지은이 유성호
펴낸이 최순영

출판1본부장 한수미
와이즈 팀장 장보라
편집 장보라
디자인 정명희

펴낸곳 ㈜위즈덤하우스 **출판등록** 2000년 5월 23일 제13-1071호
주소 서울특별시 마포구 양화로 19 합정오피스빌딩 17층
전화 02) 2179-5600 **홈페이지** www.wisdomhouse.co.kr

ⓒ 유성호, 2025

ISBN 979-11-7171-530-5 03400

- 이 책의 전부 또는 일부 내용을 재사용하려면 반드시 사전에 저작권자와
  ㈜위즈덤하우스의 동의를 받아야 합니다.
- 인쇄·제작 및 유통상의 파본 도서는 구입하신 서점에서 바꿔드립니다.
- 책값은 뒤표지에 있습니다.
- 이 책의 그림 중 일부는 인공지능 이미지 생성 도구를 활용해 제작되었습니다.